跨國企業
高層團隊內部衝突的影響研究

戴珮華 著

摘　要

　　進入 21 世紀以來，經濟全球化的加速發展為跨國企業提供了前所未有的發展機遇。隨著全球化的逐步深入，由不同文化背景的高層管理人員組成的決策團隊日益增多。決策是企業高管最重要、最費神同時也是最具風險的工作。戰略決策的非常規性、不確定性很容易使高管團隊成員產生意見分歧；如果再加上不同國家文化背景的差異，決策過程中的衝突問題就會顯得尤為突出。因此，如何正確認識決策過程中團隊衝突與決策績效之間的關係，如何合理利用衝突提高決策績效成為跨國企業高管團隊必須直面的問題。

　　本研究在梳理和分析團隊衝突、群體決策和信息加工等理論的基礎上，構建起以跨國企業高管團隊為研究對象，以任務衝突為研究起點，適用於現場決策過程的「任務衝突—信息加工—關係衝突—團隊決策績效」的理論模型；為尋求任務衝突和決策績效之間的正向關係，本研究又通過發放問卷調查的方式甄選出適合中國跨國企業高管團隊的對「任務衝突—決策績效」具有正向調節作用的情境因素，並進一步考察了情境變量對「任務衝突—決策績效」的具體調節過程，以及在何種情況下團隊任務衝突能夠對團隊決策績效產生有價值的正向影響。本研究主要採用實證研究方法和實驗研究方法對上述模型進行驗證，主要內容如下：

1. 現場決策過程中任務衝突對決策績效的雙向影響研究

　　鑒於現場交流是制定重大決策最常用的方式，本研究針對現場決策的特點，以任務衝突為起點，選取任務衝突必然引發的信息加工和關係衝突為過程變量，建立起適用於現場決策的「任務衝突—決策績效」模型。該模型選取對決策績效具有不同影響的信息加工和關係衝突作為過程變量，也就是把任務

衝突對決策績效的雙向影響都納入了研究範疇。在同一研究中同時兼顧任務衝突的雙向影響，可以使最終研究結果比前人單方面探討任務衝突的正向影響或負向影響更具有說服力。

本研究借助行為實驗研究方法深入探討了現場決策過程中任務衝突對決策績效的影響機理。研究結果表明，在團隊現場決策過程中，任務衝突和獨特信息加工，以及獨特信息加工和決策績效之間的確存在著顯著的關係，意味著任務衝突通過獨特信息加工具有提升決策績效的潛力；但研究結果也同時表明，任務衝突和關係衝突、關係衝突和決策績效之間也存在顯著的關係，意味著任務衝突通過關係衝突會對決策績效產生負向影響。任務衝突對決策績效的雙向影響同時存在，致使在沒有特定因素的影響下二者之間關係模糊不清——二者可能出現顯著的正相關關係，也可能出現顯著的負相關關係，也可能不具有顯著的關係。

該研究結果一方面有助於揭秘團隊現場決策過程中任務衝突和決策績效之間的「黑箱」，為團隊衝突「如何」影響決策績效提供了一種新的解釋；另一方面也有助於全面分析任務衝突和決策績效的複雜關係，並揭示任務衝突和決策績效之間關係不明的原因。

2. 適合於中國跨國企業高管團隊，對「任務衝突—決策績效」具有正向調節作用的情境因素研究

以往關於衝突的情境因素研究多是以單一文化的高管團隊為對象。但隨著中國跨國企業的飛速發展，團隊內部涉及不同的風俗文化，跨文化特徵顯著，能有效刺激信息加工，針對沖突轉化的情境因素可能有所不同，因而本研究專門開展了以中國跨國企業高管團隊為研究對象的實證研究。鑒於本研究主要關注的是團隊情感關係、認知能力方面的因素，因此本研究從感性關係角度選出信任、感知團隊氛圍和團隊情商三個變量，從理性認知角度選出求知動機和自我效能感兩個變量作為備選情境變量進行考察。

本研究對不同行業的87個跨國企業團隊的392位高管進行了問卷調查，發現該次調查中任務衝突和決策績效呈顯著的正相關關係，而信任和求知動機兩個變量對它們二者的正向關係都產生了顯著的正向調節作用，而其他變量對它們二者的正向關係只具有部分正向調節作用或沒有正向調節作用。

該研究結果不僅增強了情境因素對中國跨國企業團隊的適用性，也豐富了「任務衝突—決策績效」情境因素的研究。

3. 情境因素下「任務衝突—決策績效」的關係研究

在選出適合中國跨國企業高管團隊衝突現狀情境因素的基礎上，本研究又通過實驗研究進一步分析了信任和求知動機兩個情境因素在現場決策過程中對「任務衝突—決策績效」的具體調節過程，以及在何種情況下團隊任務衝突能夠對團隊決策績效產生有價值的正向影響。

本研究採用層級迴歸分析法進行驗證，結果表明：在「任務衝突—獨特信息加工」的正向關係中，信任和求知動機起到了積極的正向調節作用；在「任務衝突—關係衝突」的正向關係中，信任和求知動機起到了消極的負向調節作用；在高信任和高求知動機狀態下，任務衝突和決策績效呈現出了顯著的正向關係。

該研究結果意味著只要在團隊內部培養合適的氛圍，任務衝突和決策績效之間可以出現管理者需要的正向關係。該研究結果能為中國跨國企業高管團隊衝突管理實踐提供一定的參考和借鑑。

關鍵詞：跨國企業高管團隊；任務衝突；關係衝突；獨特信息加工；信任；求知動機；決策績效

目　錄

1　緒論 / 1
1.1　研究背景與問題提出 / 1
1.2　研究意義 / 4
　　1.2.1　理論意義 / 4
　　1.2.2　實踐意義 / 5
1.3　研究目標和內容 / 6
　　1.3.1　研究目標 / 6
　　1.3.2　研究內容 / 6
1.4　研究方法 / 8
　　1.4.1　文獻分析法 / 8
　　1.4.2　實證研究——問卷調查法 / 8
　　1.4.3　實驗研究法 / 9
　　1.4.4　統計分析法 / 9
1.5　本書結構 / 9
1.6　技術路線 / 11
1.7　本章小結 / 12

2　基本理論與文獻綜述 / 13
2.1　團隊衝突的研究現狀 / 13

  2.1.1　衝突的內涵 / 13
  2.1.2　團隊衝突的研究基礎 / 14
  2.1.3　團隊衝突的分類 / 16
  2.1.4　團隊衝突的影響因素 / 18
  2.1.5　團隊衝突對團隊績效的影響 / 20

2.2　團隊（群體）決策相關研究現狀 / 27
  2.2.1　團隊決策的內涵 / 27
  2.2.2　團隊決策中的訊息加工 / 28
  2.2.3　團隊決策績效的維度及測量 / 30

2.3　文獻評述 / 32

2.4　本章小結 / 34

3　研究思路與模型構建 / 35

3.1　研究思路 / 35
  3.1.1　本研究擬解決的問題 / 35
  3.1.2　本研究的研究思路 / 36

3.2　團隊「任務衝突—決策績效」雙向影響模型構建 / 37
  3.2.1　模型構建的目的 / 37
  3.2.2　模型的構建 / 37

3.3　情境因素影響模型的構建 / 40
  3.3.1　模型構建的目的 / 40
  3.3.2　模型的構建 / 41

3.4　情境因素作用下「任務衝突—決策績效」整體模型的構建 / 42
  3.4.1　模型構建的目的 / 42
  3.4.2　模型的構建 / 42

3.5　本章小結 / 43

4 團隊「任務衝突—決策績效」雙向影響模型的實驗研究 / 44

4.1 模型中的基本概念界定 / 44
4.2 研究假設推導 / 45
4.2.1 獨特信息加工與決策績效的關係 / 45
4.2.2 任務衝突和獨特信息加工的關係 / 46
4.2.3 任務衝突和關係衝突的關係 / 47
4.2.4 關係衝突和決策績效的關係 / 48
4.2.5 假設匯總 / 49
4.3 實驗設計 / 51
4.3.1 被試的選擇 / 51
4.3.2 實驗任務 / 51
4.3.3 實驗操控 / 52
4.3.4 實驗流程 / 52
4.3.5 模型中各變量在實驗中的測量標準 / 53
4.4 量表信度效度分析以及數據聚合 / 54
4.4.1 量表的信度效度分析 / 54
4.4.2 數據聚合 / 56
4.5 實驗數據的獲取 / 57
4.5.1 團隊任務衝突數據的獲取 / 57
4.5.2 團隊關係衝突數據的獲取 / 58
4.5.3 獨特信息數據的獲取 / 58
4.5.4 決策質量數據的獲取 / 59
4.5.5 決策承諾數據的獲取 / 59
4.6 實驗操控有效性的檢驗 / 59

4.7 假設檢驗 / 59

 4.7.1 描述性統計結果 / 60

 4.7.2 各變量之間的相關分析 / 60

 4.7.3 任務衝突對獨特信息加工的影響分析 / 61

 4.7.4 任務衝突對關係衝突的影響分析 / 61

 4.7.5 獨特信息加工對團隊決策績效的影響分析 / 61

 4.7.6 關係衝突對團隊決策績效的影響分析 / 62

4.8 結果討論 / 62

4.9 本章小結 / 65

5 情境變量影響模型的實證研究 / 66

5.1 模型中基本概念的界定 / 67

5.2 研究假設推導 / 68

 5.2.1 信任的調節作用 / 68

 5.2.2 感知團隊氛圍的調節作用 / 70

 5.2.3 團隊情商的調節作用 / 71

 5.2.4 求知動機的調節作用 / 72

 5.2.5 自我效能感的調節作用 / 73

 5.2.6 假設匯總 / 74

5.3 模型中各變量的測量 / 76

 5.3.1 量表的開發與設計步驟 / 76

 5.3.2 變量的測量 / 77

5.4 研究設計 / 80

 5.4.1 研究程序 / 80

 5.4.2 信度和效度分析 / 81

 5.4.3 數據聚合 / 85

5.5 研究結果 / 85

    5.5.1 樣本描述 / 86

    5.5.2 控制變量對因變量的影響分析 / 87

    5.5.3 調節作用的假設檢驗 / 90

5.6 結果討論 / 93

5.7 本章小結 / 96

6 情境因素作用下「任務衝突—決策績效」整體模型的實驗研究 / 97

6.1 模型中基本概念的界定 / 97

6.2 研究假設推導 / 97

    6.2.1 信任對「任務衝突—決策績效」的影響 / 97

    6.2.2 求知動機對「任務衝突—決策績效」的影響 / 99

    6.2.3 假設匯總 / 101

6.3 實驗設計 / 103

    6.3.1 被試的選擇及實驗安排 / 103

    6.3.2 實驗任務 / 104

    6.3.3 實驗操控 / 104

    6.3.4 實驗流程 / 105

    6.3.5 模型中各變量在實驗中的測量標準 / 106

6.4 實驗數據的獲取 / 106

6.5 實驗操控有效性的檢驗 / 107

6.6 假設檢驗 / 107

    6.6.1 描述性統計結果 / 107

    6.6.2 信任的調節作用分析 / 108

    6.6.3 高信任狀態下「任務衝突和決策績效的關係」/ 110

    6.6.4 求知動機的調節作用分析／112

    6.6.5 高求知動機狀態下「任務衝突和決策績效的關係」／115

 6.7 **結果討論**／117

 6.8 **本章小結**／119

7 綜合討論與展望／120

 7.1 **研究結論及討論**／120

    7.1.1 現場決策中任務衝突對決策績效的影響機理／120

    7.1.2 情境因素的甄選／123

    7.1.3 情境因素作用下任務衝突和決策績效的關係／124

 7.2 **理論進展及實踐啟示**／127

    7.2.1 理論進展／127

    7.2.2 實踐啟示／129

 7.3 **研究局限與展望**／131

參考文獻／133

附 錄／147

 研究一（實驗一）全套資料／147

 研究二（實證）全套資料／152

 研究三（實驗二）全套資料／155

1 緒論

1.1 研究背景與問題提出

　　進入 21 世紀以來，隨著經濟全球化的發展，企業的運作模式和組織架構發生了很大變化。立足於全球性生產經營的跨國企業獲得了前所未有的發展機遇。據聯合國貿易和發展會議（UNCTAD）公布的數據，2010 年世界各地大約有 10 萬家跨國公司，其麾下共有 120 萬家子公司；子公司的銷售額近 25 萬億美元，分別占全球 GDP（國內生產總值）總額和世界貨物貿易出口總額的 1/8 和近 1/2。中國的跨國公司也處於飛速發展階段，截至 2012 年年底，中國在境外投資設立企業約 2 萬家，國家和地區覆蓋率目前超過 70%。到 2015 年年底為止，中國對外直接投資實現了連續 13 年增長，年均增幅高達 33.6%。2015 年，中國對外非金融類直接投資創下 1,180.2 億美元的歷史最高值。

　　與此同時，一種新的組織形式——團隊，也憑藉其內能凝聚智慧，憑藉其外能快速響應市場變化的優勢，迅速得到企業的認可並在全球範圍內得到長足發展。隨著全球化的逐步深入，由不同文化背景的高層管理人員組成的跨國決策團隊日益增多，它們作為跨國企業的「領航員」，承擔著制定和實施跨國企業戰略決策的使命，決定著跨國企業未來的發展方向。

　　決策是企業高管最重要、最費神同時也是最具風險的工作。在激烈的競爭中，高管團隊的失誤往往會給企業帶來全局性和難以估量的損失。絕大多數的高層管理者都認為現代企業決策難度越來越大，決策風險越來越高；而跨國企業高管團隊更要面對風雲變化的國際環境，因此決策是難上加難。因此，如何提高高層管理團隊的決策績效已成為跨國企業發展中迫切關注、亟待解決的問題。

　　1984 年，Hambrick 和 Mason 提出了標誌高層管理團隊研究開端的「高層

梯隊理論」，認為團隊成員的個體特徵、團隊結構和決策過程都會直接影響最終的決策。從20世紀90年代開始，學者們逐漸認識到團隊決策過程不僅比團隊成員的個體特徵、團隊結構等因素更好操控和調節，還能部分抵消其他因素的負面影響（孫海法，伍曉奕，2003），因此高管團隊的決策過程越來越受到重視。

　　戰略決策的制定過程是一個高度複雜、動態的過程，而戰略決策的非常規性、不確定性很容易使高管團隊成員產生意見分歧；如果再加上不同國家文化背景的差異，決策過程中的衝突問題就會顯得尤為突出（Shutter, 1977）。壓制衝突，認知極端一致性的團隊所做出的決策往往是失敗的；而放任衝突，關係惡劣、相互敵視的團隊所做出的決策往往也是失敗的。因此，如何正確認識決策過程中衝突與團隊決策績效之間的關係，如何合理利用衝突提高決策績效成為跨國企業高管團隊必須直面的問題。

　　一直以來，團隊衝突研究都是圍繞衝突「是否」影響團隊績效、「如何」影響團隊績效，以及「何時」正面影響團隊績效而展開。在衝突「是否」影響團隊績效的問題上，答案是肯定的。大量的理論或實證數據都表明衝突對團隊（例如團隊產出績效、團隊決策績效、團隊創新績效等）產生了很大的影響。其中，學者們對關係衝突的影響取得了一致意見，認為只要團隊內部存在關係衝突，團隊成員之間就會相互不滿、相互猜測，產生焦慮、憤怒等負面情緒，對團隊工作的滿意度、績效等造成一定的負面影響（Jehn, 1995; Amason, 1996; Porter & Lilly, 1996）。而關於任務衝突的影響，學術界至今仍有不同看法。有的學者從信息加工的角度出發，認為任務衝突能夠促使團隊成員交換各自領域的知識和信息，有利於觀點創新，可以有效提高團隊決策質量；還能通過增強信息交流化解成員間的誤解，增加成員對工作的認同度，最終提高成員的工作績效和滿意度（Jehn, 1995; Janssen, Van de Vliert & Veenstra, 1999）；有的學者卻從情感角度出發得出任務衝突會導致負面情緒，破壞團隊和諧，致使團隊決策質量下降（Jehn, 1997; Northcraft & Neale, 2001）。

　　在研究衝突「如何」影響團隊績效以及團隊衝突「何時」正面影響團隊績效時，一方面，學者們從信息溝通和情感回應等路徑入手，引入團隊交互記憶、任務反思、團隊心智模型、凝聚力等因素作為「團隊衝突—團隊績效」之間的過程變量（Lewis, Lange & Gills, 2005; Carter & West, 1998; 汪潔, 2009；陳振嬌，2009），試圖打開「團隊衝突—團隊績效」之間存在的「黑箱」；另一方面，學者們從團隊結構、情感和個體差異等路徑入手引入團隊規

模、任務相互依賴性、團隊氛圍、凝聚力等情境因素，研究了這些情境因素對團隊衝突和績效關係的影響（Jehn, 1995; Duffy, et al., 2000; Yang & Monssholder, 2004）。

目前關於團隊衝突和績效的研究雖然已經取得了比較豐碩的成果，但仍有進一步研究的空間。原因有三點：第一，學術界缺乏同時分析任務衝突正負雙向影響的研究。任務衝突是一柄「雙刃劍」，它對團隊績效的正向影響或負向影響在很多文獻中都有所提及，但很少有文獻將兩種影響同時納入研究範疇，這致使研究結果比較片面，缺乏強有力的說服力。第二，學術界缺乏針對現場決策的衝突對決策績效影響的研究。現場交流是決策過程中最常用的方法，雖然某些決策可以通過計算機輔助溝通來完成，但重大的、複雜的、信息量大的決策仍需要面對面的現場溝通。但目前學者們研究衝突對決策績效的影響時，通常採用交互記憶、團隊心智模型等需要長時間累積才能形成的過程因素，而適合於現場決策短時間的過程因素的研究幾乎沒有。第三，學術界缺乏適用於中國跨國企業高管團隊衝突現狀的情境因素的研究。中國跨國企業發展迅猛，團隊內部涉及不同的風俗文化，跨文化特徵顯著，最適合調節「團隊衝突—決策績效」的情境因素可能與西方國家不盡相同。目前學者們雖然對多個情境因素進行了實證研究，但這些因素更多地存在於以國外高管團隊為對象進行的研究中；而以中國跨國企業高管團隊為研究對象，適合中國高管團隊衝突現狀的情境因素的研究還比較少，這不符合中國跨國企業飛速發展的現狀，也不利於中國跨國企業進一步的發展。

針對以上問題，本研究在梳理團隊衝突和決策績效相關文獻的基礎上，首先分析了團隊現場決策中任務衝突對決策績效的影響機理。本研究針對現場決策特點，以任務衝突為研究起點，以信息加工（獨特信息分享、獨特信息利用）和關係衝突為過程變量，構建起適合現場決策過程的「任務衝突—決策績效」概念模型，對任務衝突對決策績效雙向影響的影響機理進行深入分析。其次，本研究在對中國87個跨國企業團隊的392位高管進行問卷調查後，通過實證分析對5個備選情境因素進行了考察，結果發現信任和求知動機對「任務衝突—決策績效」具有顯著的正向調節作用，而其他變量只具有部分作用或沒有作用。最後，本研究進一步深入分析這兩種情境因素在現場決策過程中對「任務衝突—決策績效」的具體調節過程，以及在何種情況下團隊任務衝突能夠對團隊決策績效產生有價值的正向影響。

1.2 研究意義

1.2.1 理論意義

1. 拓展了任務衝突對決策績效影響機理的研究

本研究針對現場決策的特點，以任務衝突為研究起點，選取信息加工和關係衝突作為任務衝突和決策績效的過程變量，構建起團隊「任務衝突—決策績效」模型，深入分析了現場決策過程中任務衝突對決策績效的影響機理。這一研究有助於揭秘團隊決策現場交流過程中任務衝突和決策績效之間的「黑箱」，拓展任務衝突對決策績效影響機理的研究，為團隊衝突「如何」影響團隊決策績效提供了一種新的解釋。

在前人只研究任務衝突對決策績效正向影響或者負向影響的基礎上，本研究把任務衝突對決策績效的雙向影響都納入研究範疇，並進行了深入的分析。這有助於全面分析任務衝突和決策績效的複雜關係，增強研究結果的全面性和說服力；並有助於探尋任務衝突對團隊決策績效產生不明確影響的原因，為後續引入合適的情境因素對決策過程進行調節打下基礎。

2. 豐富了「任務衝突—決策績效」情境因素的研究

中國跨國企業發展迅猛，團隊內部涉及不同的風俗文化，跨文化特徵顯著，最適合調節「團隊衝突—決策績效」的情境因素可能與西方國家不盡相同；而目前以中國跨國企業團隊為研究對象開展的情境因素研究非常缺乏，研究的缺失不利於中國跨國企業進一步的發展。本研究以87個中國跨國企業高管團隊為研究對象，從五個備選情境變量中選出對「任務衝突—決策績效」具有正向調節作用的情境變量——信任和求知動機。這樣，一方面增強了情境因素對中國跨國企業團隊的適用性，另一方面也豐富了「任務衝突—決策績效」情境因素的研究。

本研究還進一步深入探討了這兩個情境因素在現場決策過程中對「任務衝突—決策績效」的具體調節過程；以及在何種情境因素下「任務衝突—決策績效」具有顯著的正相關關係。詳盡的分析結果能為中國跨國企業高管團隊衝突管理實踐提供一定的參考和借鑑。

3. 豐富了團隊衝突和團隊決策績效的研究方法

目前國內學者在研究團隊衝突和決策績效時幾乎都採用實證研究方法，通過深度訪談和調查問卷等形式收集相關數據；很少採用實驗方法去驗證假設和模型。

實證研究和實驗研究都是社會學、管理學研究中經常採用的方法。實證研究方法具有外部效度高的優點，而實驗研究方法具有能對實驗變量進行有效控製的優點。因此本研究在研究過程中充分利用這兩種研究方法的優勢，對情境變量的甄選採用外部效度好的實證分析方法進行研究；對現場決策過程中的衝突、決策問題以及情境因素的具體調節作用採用可操控的實驗方法進行研究。兩種研究方法相結合，其研究結果可以相互補充和證明，使得研究結果更具說服力，可以為本研究所提出的概念模型和研究結論提供更有力的支持。

本研究同時使用實證分析方法和實驗研究方法，可以為衝突、決策領域的研究提供一種新的嘗試。

1.2.2 實踐意義

高管團隊這種模式之所以能被企業廣泛採納，最大的原因就是學術界和企業界都普遍認為，高管團隊合作模式能夠促使具有不同知識和背景的高管成員將各自掌握的與任務相關的不同信息在團隊中分享，刺激成員彼此的思維交流發散及拓展，獲得「1+1>2」的整合力量，使團隊產生出比個人更有效的解決方案和決策績效（Hambrick, Cho & Chen, 1996；Amason, 1996）。但是現實中的案例和這一理想化的結論還存在一定差距，有很多目標明確並擁有高素質成員的高管團隊有時也會做出非常糟糕的決策（Hackman, 1990；Janis, 1972；Janis & Hann, 1977）。

例如，F 公司在 1970 年投資生產一款汽車，該汽車重量輕、價格便宜，但汽車油箱的安放位置卻存在危險性。迫於外界壓力，F 公司就是否召回該汽車召開了一個緊急會議，與會者包括技術部門高級經理、成本核算財務主管、公共關係部門主管、法務部負責人和公司首席執行官。該公司實際上是在「召回維修存在油箱缺陷的汽車」和「不召回維修存在油箱缺陷的汽車」兩個方案中進行選擇。在決策過程中，CEO 為了擴大該款汽車的銷售，偏向於不實行召回；成本核算部門主管在做過成本效益分析後，覺得召回維修在經濟上的損失比對受害者進行賠償的損失更大，也不偏向實行召回；但其他三位高管成員由於公共關係部門主管之前介紹的公眾對於該款汽車的不良看法，都認為召回是一個比較好的選擇。但在 CEO 極力反對召回的情況下，高管團隊最終決定不實行召回維修。這個錯誤的決策導致後來幾個女孩因該款車輛燃燒而死亡，F 公司的聲譽遭到極大的損害。

從這個案例可以看出，公司 CEO 在高管團隊中具有極強的影響力，在他強大的影響力作用下，其他成員雖然持有不同觀點，卻不敢過多地發表意見。

整個決策過程中缺少與任務相關的必要衝突，致使決策過程缺乏充分的討論和良好的信息交流與溝通，最終導致決策失誤。因此，團隊內部如何正確地認識衝突、對待衝突、進行衝突管理是戰略決策團隊必須直面的問題。

本研究通過實驗研究方法和實證分析方法，深入分析了團隊衝突對決策績效的影響機理；並針對中國跨國企業高管團隊衝突現狀引入求知動機和信任兩個變量，研究這兩個重要的情境因素對「任務衝突—決策績效」的具體調節過程，以及在何種情況下「任務衝突—決策績效」可以呈現出所需的正向關係。其研究結果將有助於中國跨國企業戰略決策團隊在決策實踐中正確認識衝突，正確進行衝突管理。

1.3 研究目標和內容

1.3.1 研究目標

本研究的研究目標是在梳理、分析國內外團隊衝突和決策理論的基礎上，探尋跨國企業高層管理團隊現場決策過程中，團隊任務衝突對決策績效的影響，構建起「任務衝突—獨特信息加工—關係衝突—團隊決策績效」的概念模型；並引入合適的情境因素，研究在何種狀態下團隊任務衝突能夠對團隊決策績效產生有價值的正向影響。從而在理論上拓展和豐富團隊衝突和決策的研究，在實踐上為跨國企業管理團隊處理團隊衝突提供一定的借鑑。

1.3.2 研究內容

本研究從理論研究入手，構建概念模型並提出各個變量之間關係的假設；再通過規範的實驗研究方法和實證分析方法對概念模型和各個假設進行驗證。

1. 理論研究：概念模型的構建與假設的提出

本研究首先對衝突理論、群體決策理論、信息加工理論及相關文獻進行了充分的回顧、梳理和評價，使本研究能夠掌握相關研究的最新動態，並擁有較為紮實的理論基礎。

在理論回顧的基礎上，本研究梳理了研究中各個變量之間的關係，並構建了「任務衝突—信息加工—關係衝突—決策績效」的概念模型。在該概念模型中，主要研究：

（1）現場決策中任務衝突對團隊決策績效的影響機理。本研究針對現場決策的特點，深入探討了任務衝突對決策績效的影響過程。在這一過程中，任

務衝突能夠有效促進團隊成員之間的信息交流，而信息分享和分享的程度對最終的決策績效有直接影響；但同時任務衝突也可能轉化為關係衝突，而關係衝突總會降低決策績效。本研究將任務衝突對團隊決策績效的雙向影響都納入了研究範疇，並對影響過程進行了深入的分析，最終厘清了任務衝突和決策績效之間可能存在的關係。

（2）情境因素下任務衝突與決策績效的關係。在沒有任何情境因素影響的情況下，任務衝突的雙向作用很可能致使任務衝突和決策績效的關係不明確，難以辨清。要使任務衝突與決策績效之間具有明確的關係，而且是高管團隊決策所需要的正向關係，必須引入一定的情境因素。本研究通過一定的方法引入了合適的情境變量——信任和求知動機，進一步分析了這兩個變量對「任務衝突—決策績效」的具體調節過程；並研究了在這兩種情境因素不同狀態下任務衝突和決策績效之間的關係。

2. 實證研究：情境因素的選擇和作用研究

本研究在查閱相關參考文獻的基礎上，從團隊層面的情感關係角度選出信任、感知團隊氛圍和團隊情商三個變量，從團隊層面的理性認知角度選出求知動機和自我效能感兩個變量作為備選情境變量。這五個情境因素有的已經被國外的實證方法證實過；有的還只是停留在理論分析階段，沒有經過實踐檢驗。為了選取更適合於中國跨國企業高管團隊衝突現狀的情境因素，本研究設計了這些情境因素，以及包含任務衝突、決策績效等變量的調查問卷，完成對情境因素的選擇和作用的研究。

（1）基於實證研究，甄選出適合中國跨國企業高管團隊，對「任務衝突—決策績效」具有正向調節作用的情境因素，為後續實驗研究的進一步展開打下基礎。

（2）基於實證研究，初步驗證情境因素對「任務衝突—決策績效」的調節作用。其實證分析結果將作為後續實驗驗證的依據，也可以和實驗結果相互印證情境因素的調節作用。

3. 實驗研究：影響機理和情境因素研究

本研究的實驗研究分為兩個部分。第一部分是通過操控任務衝突進行分組，主要研究任務衝突對決策績效的影響機理以及二者之間的關係；第二部分引入甄選出的情境因素，主要研究情境因素對「任務衝突—決策績效」的具體調節過程以及情境因素下二者的關係。

（1）研究任務衝突對團隊決策績效的影響過程。通過實驗模擬現場決策過程，研究任務衝突和團隊決策績效之間的影響機理。從而回答：任務衝突是

否對團隊信息加工具有積極作用？任務衝突是否會轉化為關係衝突？關係衝突是否對決策績效具有負面影響？任務衝突與團隊決策績效的關係是否明確？

（2）研究求知動機對任務衝突和信息加工、任務衝突和關係衝突的影響。在求知動機組，通過實驗數據分析求知動機是否對任務衝突和信息加工、任務衝突和關係衝突具有調節作用。在此基礎上進一步分析在高求知動機組，任務衝突和決策績效之間的關係是否具有顯著的相關關係，從而回答引入情境因素是否能促使任務衝突和決策績效具有正相關關係。

（3）研究信任對任務衝突和信息加工、任務衝突和關係衝突的影響。在信任組，通過實驗數據分析信任對任務衝突和信息加工、任務衝突和關係衝突的關係具有何種作用。在此基礎上進一步分析在高信任組，任務衝突和決策績效之間的關係是否具有顯著的相關關係，從而回答引入情境因素是否能促使任務衝突和決策績效具有正相關關係。

1.4 研究方法

本研究依據定性分析和定量分析相結合、實驗研究和實證研究相結合的方式對整個議題展開研究。具體運用了以下研究方法。

1.4.1 文獻分析法

本研究對團隊衝突理論、群體決策理論、動機性信息加工理論以及大量相關研究文獻進行了歸納和整理。針對研究主題涉及的核心變量，從概念、維度劃分、影響因素到作用效應等各個方面都進行了深入、系統的梳理。通過回顧、總結前人的相關研究，一方面掌握了相關研究領域的最新動態，明確了相關研究領域已形成的研究基礎和尚待解決的問題，另一方面也累積了值得借鑑的研究經驗和研究方法。這些都為本研究的開展和進行奠定了堅實的理論基礎。

1.4.2 實證研究——問卷調查法

問卷調查方法是採用量表方式對被訪者進行態度測量，通過定量化的測定方法實現概念構思的操作化。本研究在參考現有研究成果的基礎上，結合本次調查目的，對調查問卷進行擬定和優化；然後通過抽樣調查對數據進行信度和效度檢驗；並依靠調查數據完成對理論假設的檢驗。在實證研究中，本研究中所需測量的變量均採用大樣本問卷調查獲取數據，包括任務衝突、決策質量、

決策承諾、信任、感知團隊氛圍、團隊情商、自我效能感和求知動機等。在實驗研究中，涉及決策承諾、求知動機等變量的數據獲取，採用的是小樣本問卷調查。這些變量的測量均採用成員自評的方法，然後將個體評分聚合到團隊層面，用相關分析、方差分析、迴歸分析等方法對數據進行處理。

1.4.3 實驗研究法

實驗研究方法具有現場性強，能對變量實行精準控制，能有效排除干擾變量影響，實驗場景可被反覆研究等特點，這些都很符合本研究的實際需要。因此，實驗研究方法成為了本研究的重點研究方法。

本實驗任務為求生類任務，其既與戰略決策相似又不需要被試擁有特殊的知識和技能。本實驗中的各個關鍵變量都能在實驗中得到很好的處理，例如，調節變量（求知動機、信任）和自變量（任務衝突）都能在實驗前測中得到較好的控制；過程變量（信息分享、信息利用）都能在實驗中由經過訓練的評判者通過觀看錄像計數而得；結果變量（決策質量）能最終量化為分數。這些都保證了實驗數據的客觀性，避免了人為主觀因素的干擾。

1.4.4 統計分析法

對數據進行處理最常用的方法是統計分析。本研究擬採用SPSS19.0軟件對實驗或者調查獲得的研究數據進行數據處理和分析，包括描述性統計、量表的信度分析、變量的相關分析，以及利用層級迴歸分析技術檢驗仲介變量的仲介效應和調節變量的調節效應。

1.5 本書結構

本書全篇共分為7個章節，每個章節的具體內容如下：

第1章：緒論。本章首先分析了本書的研究背景，並在此基礎上提出了本書擬研究的問題，即高管團隊現場決策過程中任務衝突對決策績效的影響研究；其次闡述了本書對團隊衝突、決策理論和高管團隊衝突管理實踐的意義；最後對本研究的研究目標、研究思路、研究內容以及研究方法等進行了初步介紹。

第2章：基本理論與文獻綜述。本章系統地回顧了跨國企業、團隊衝突、信息加工以及群體決策等相關理論和文獻，一方面有利於掌握相關研究領域的最新動態，明確相關研究領域已形成的研究基礎和尚待解決的問題；另一方面

也累積了值得借鑑的研究經驗和研究方法。本研究還對所涉及的核心變量，從概念、維度劃分、影響因素到作用效應等各個方面都進行了仔細的梳理。這都為本研究的開展和進行奠定了堅實的理論基礎。

第3章：研究思路與模型構建。針對相關研究領域尚待解決的問題，本章構建了具有邏輯順序的三個概念模型。第一個模型，團隊「任務衝突—決策績效」的雙向影響模型主要探討現場決策過程中任務衝突對決策績效的雙向影響過程。由於任務衝突對決策績效的雙向影響同時存在，致使二者的關係模糊不清。為使二者具有顯著的且有價值的正向影響，引入情境因素是必然的。第二個模型——「情境因素影響模型」就是為了甄選出適合中國跨國企業高管團隊的對「任務衝突—決策績效」具有顯著正向調節作用的情境因素。在這兩個模型的基礎上，本研究構建起第三個模型，情境因素下的「任務衝突—關係衝突—獨特信息加工—決策績效」整體模型，進一步研究情境變量對「任務衝突—決策績效」的具體調節過程，以及情境因素作用下任務衝突和決策績效之間的關係。

第4章：團隊「任務衝突—決策績效」雙向影響模型的實驗研究。本章提出了模型中各變量的關係假設以及各變量的測量方法；然後通過合理的實驗流程和實驗設計獲取相關數據，採用方差分析、相關分析、迴歸分析等方法檢驗了「任務衝突與信息加工」「任務衝突與關係衝突」「關係衝突與決策績效」等假設關係，並驗證概念模型，完成了現場決策過程中任務衝突對決策績效雙向影響機理的研究。

第5章：情境變量影響模型的實證研究。本章提出了模型中的信任、感知團隊氛圍、團隊情商、求知動機和自我效能感等備選情境變量與其他變量的關係假設以及各變量的測量方法；然後編制了問卷調查表，向87個中國跨國公司團隊的392位高管展開調查並獲取相關數據，採用迴歸分析等方法對各備選情境變量的調節作用進行了檢驗，發現求知動機和信任這兩個情境因素對「任務衝突—決策績效」之間的關係具有顯著的正向影響。

第6章：情境因素作用下「任務衝突—決策績效」整體模型的實驗研究。在第4章和第5章研究的基礎上，本章提出了整體模型中各變量的關係假設以及各變量的測量方法；然後再次採用實驗方法，通過合理的實驗流程和實驗設計獲取相關數據，採用方差分析、相關分析、迴歸分析等方法檢驗了信任、求知動機對「任務衝突—信息加工」「任務衝突—關係衝突」的調節作用的假設關係；以及高信任、高求知動機狀態下「任務衝突—決策績效」之間的假設關係。

第7章：綜合討論與展望。本章首先對本研究的主要結論進行了總結和分析；其次簡要闡述了主要結論對團隊衝突、決策等理論的貢獻，並為企業高管團

隊決策過程中如何正確認識衝突、合理處理衝突、進行正確的衝突管理提供了一定的建議；最後，在分析本研究內容不足的基礎上，提出了對未來研究的展望。

1.6 技術路線

本研究的技術路線如圖 1-1 所示。

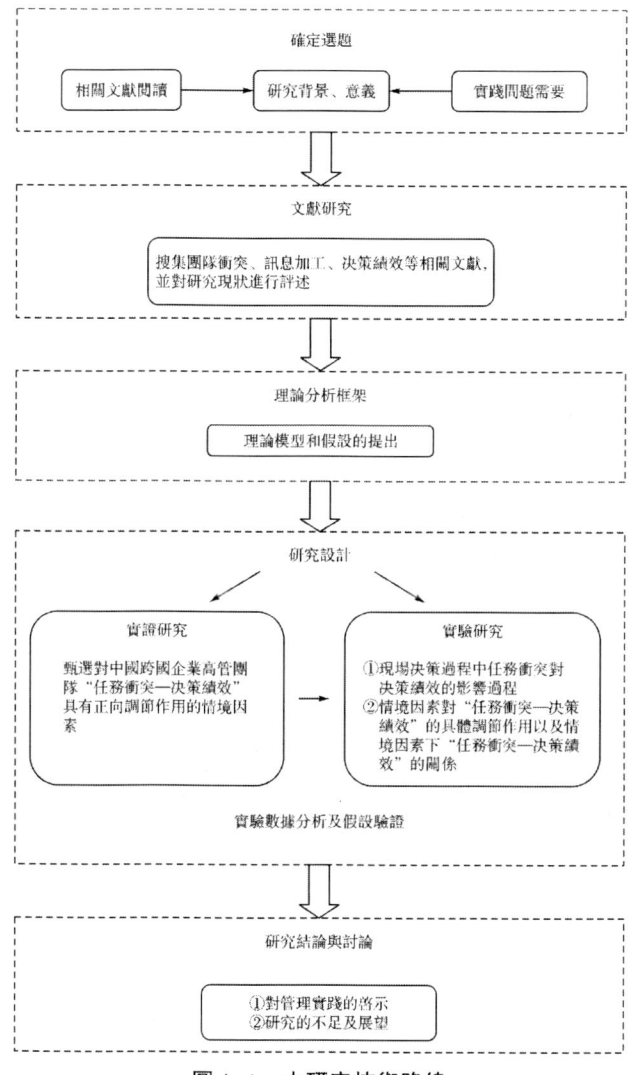

```
┌─────────────────────────────────────────────┐
│                  確定選題                    │
│  ┌─────────┐    ┌──────────┐   ┌─────────┐  │
│  │相關文獻閱讀│──▶│研究背景、意義│◀──│實踐問題需要│  │
│  └─────────┘    └──────────┘   └─────────┘  │
└─────────────────────────────────────────────┘
                       ▼
┌─────────────────────────────────────────────┐
│                  文獻研究                    │
│   搜集團隊衝突、訊息加工、決策績效等相關文獻，  │
│   並對研究現狀進行評述                         │
└─────────────────────────────────────────────┘
                       ▼
┌─────────────────────────────────────────────┐
│                 理論分析框架                  │
│           理論模型和假設的提出                 │
└─────────────────────────────────────────────┘
                       ▼
┌─────────────────────────────────────────────┐
│                  研究設計                    │
│   ┌─────────────┐      ┌──────────────┐    │
│   │   實證研究    │      │   實驗研究    │    │
│   │甄選對中國跨國 │      │①現場決策過程中 │    │
│   │企業高管團隊  │─────▶│任務衝突對決策 │    │
│   │"任務衝突—決策│      │績效的影響過程  │    │
│   │績效"具有正向 │      │②情境因素對"任務│    │
│   │調節作用的情境│      │衝突—決策績效" │    │
│   │因素         │      │的具體調節作用以 │    │
│   │             │      │及情境因素下"任務│    │
│   │             │      │衝突—決策績效" │    │
│   │             │      │的關係         │    │
│   └─────────────┘      └──────────────┘    │
│         實驗數據分析及假設驗證                 │
└─────────────────────────────────────────────┘
                       ▼
┌─────────────────────────────────────────────┐
│               研究結論與討論                  │
│           ①對管理實踐的啟示                  │
│           ②研究的不足及展望                  │
└─────────────────────────────────────────────┘
```

圖 1-1 本研究技術路線

1 緒論 | 11

1.7　本章小結

　　本章是本書的緒論，主要分析了本書的研究背景，並在此基礎上提出了研究主題；闡述了本書對團隊衝突、決策理論和高管團隊衝突管理實踐的意義；介紹了本書的研究目標、研究思路、研究內容、研究方法，以及全書的結構安排和技術路線等。

2 基本理論與文獻綜述

本研究以任務衝突為研究起點，以跨國企業高管團隊為研究對象，擬對現場決策過程中團隊任務衝突對決策績效的影響機制進行探討。根據研究框架的初步設想，本研究主要對團隊衝突和團隊決策的相關文獻進行了全面回顧。對團隊衝突相關研究的梳理主要集中在團隊衝突的研究背景、概念、分類、影響因素和團隊衝突對績效的影響等內容上；對團隊決策相關研究的梳理主要以「團隊決策過程就是信息加工過程」為主線，集中在獨特信息加工與決策績效之間的關係、促使獨特信息加工的方法，以及決策績效的概念、構思維度、測量指標的設計等內容上。通過梳理和分析相關文獻，本研究明確了主要的研究要點，並提出了尚待解決的問題。

2.1 團隊衝突的研究現狀

在任何一個組織內部，衝突是不可避免的現象，但衝突又對組織或個人具有廣泛的影響，因而衝突目前在團隊研究領域中備受關注，並且取得了較為豐碩的成果。團隊衝突是指團隊內部的衝突，是基於團隊層面的衝突研究，體現的是組織行為學的理論視角。本研究遵循這一研究構思，在簡述衝突內涵的基礎上提出了團隊衝突的研究基礎；並著重回顧了衝突效應的相關文獻，按衝突「是否」「如何」及「何時」影響團隊績效的順序對相關文獻進行了梳理和分析。

2.1.1 衝突的內涵

1. 衝突的含義

古拉丁語中最早出現「衝突」一詞，用以表示相互碰撞的行為。關於衝突的研究最早起源於社會學，後來隨著衝突研究的廣泛化，心理學、行為學等

學科也引入了衝突研究。在現存的衝突文獻中，研究者研究範式、研究方法和研究角度的不同導致衝突的具體定義存在著較大的差別，主要表現為：

（1）衝突是靜止狀態還是動態過程。早在19世紀60年代，一些學者從衝突的某一方面入手對沖突進行定義，例如從衝突的原因入手，認為爭奪稀缺資源引發了雙方或多方的爭鬥即為衝突；從衝突的表現入手，認為過分的抵制行為即為衝突；從衝突的情感狀態入手，認為人際之間的緊張感即為衝突（Pondy, 1967）。後來，Pondy（1967）認為單方面靜止地描述衝突無法全面涵蓋衝突的內涵，他認為衝突應該是包含一系列靜止現象的動態過程，認為衝突開始於一方感知到另一方已經或將要對其關注的部分產生負面影響時，是包含涉及衝突的前因、情緒、知覺、行為及其後果在內的整個過程的（Pondy, 1967; Robbins, 2001）。這種動態的過程分析視角更有助於系統地認識衝突問題，全面把握衝突事件。

（2）衝突是主觀認識還是客觀狀態。有的文獻從心理學角度出發，認為衝突是人們觀點上的分歧，而這種分歧源於人際之間不同的主觀認知（Boulding, 1963）。但是近年來，更多的文獻偏向於把衝突看作是一種客觀狀態，認為衝突是人們對於事物擁有不同看法的客觀反應。組織內部的衝突是不可避免、無法消除的（Amason & Schweiger, 1994）。

到目前為止，雖然學術界對沖突的定義有一定的選擇傾向，但仍沒有一個統一的定義。本研究傾向於將衝突視為一種客觀狀態，並從動態的過程去分析、把握衝突概念。

2. 衝突的研究層面

目前對於衝突的研究，可以分為三個不同層面：一是宏觀層面的研究，主要以政治團體、黨派為研究對象，研究他們之間的衝突現象；二是中觀層面的研究，主要研究複雜衝突情境下企業、政府的決策問題；三是微觀層面的研究，主要研究個體、團隊層面的衝突現象。在這三個研究層面中，微觀層面的團隊衝突研究是最多的。團隊層面的衝突有團隊間衝突和團隊內衝突之分，但目前研究更多的是聚焦在團隊內部衝突上，具體考察團隊內部的成員或子團隊之間關於任務內容和執行程序等方面的衝突（Rahim, 2002）。

本研究探討的團隊衝突屬於團隊內部衝突，是從團隊層面整體考察團隊互動過程中成員之間的分歧和矛盾，強調的是團隊層面的衝突。

2.1.2 團隊衝突的研究基礎

傳統觀念認為資源總是稀缺的，人們為了維護自己的利益而搶奪資源往往就會引發衝突（Mack & Snyder, 1957; Pondy, 1967）。這種衝突實際是競爭背

景下目標對立的衝突，它在某種意義上把衝突和競爭等同起來了（Tjosvold，2008），認為「衝突」即「競爭」。但實際上正確的關係應該是：「競爭」勢必引致「衝突」，但「衝突」不一定反應「競爭」。

競爭往往是在目標不相容的情況下發生的，即一方目標的達成可能是以犧牲另一方為代價的。在競爭關係下產生的衝突實際上是一種目標衝突。但現實中，即使不存在目標矛盾，衝突也仍然有可能發生。在需要通過成員彼此間的協作、共同努力達成一致任務目標的合作群體中，同樣也會在作業過程中產生衝突（Deutsch，2005）。

Deutsch（1973）把衝突定義為人際關係中對立的行為活動，指的是某人的行為妨礙、影響或破壞了他人的行動；並從行為層面認為，衝突可能是由雙方及多方之間對立的利益、目標、價值、信仰、偏好或某些誤解引起的。這一定義一方面釐清了衝突的前因和衝突本身的區別，強調只有實際發生的不相容行為才是衝突，便於後續研究的操作化；另一方面也明晰了衝突與競爭的區別，不僅僅是競爭會引發衝突；價值、信仰的不同，偏好或誤解也會引發衝突。在合作與競爭的情境下，人們都有可能發生行為上的對立。

因此，根據當事人是否存在一致目標，可以將衝突劃分為具有共同目標的合作性衝突和存在目標矛盾的競爭性衝突。這一劃分肯定了合作性衝突的存在，為後續合作性衝突的研究和探討做好了鋪墊（Tjosvlod，1998）。

根據管理學家 Stephen（1997）的定義，團隊是為了某一特定目標，由兩個或兩個以上相互依賴的個體按照一定規則構建成的組織；擁有共同任務、共同目標，成員之間是緊密、相互依存的關係。因此，以團隊為背景進行的衝突問題分析實際上屬於「合作性衝突」的研究範疇。

所謂的「合作性衝突」，既有合作也有衝突，體現的是一定的競爭性和合作性的互動過程。競爭性的成分構成了衝突，而合作性成分則成為雙方達成一致意見而進行協調的動因。值得注意的是，「合作性衝突」中的競爭成分僅是可能導致成員間對立行為的發生，和對立目標下的競爭必然導致衝突是不完全一樣的（汪潔，2009）。因此，在合作性衝突中，衝突與合作可以是統一的；合作是目標，衝突是有助於合作目標實現的強大動力。

團隊作為一種重要的組織單元，往往有助於集中不同背景成員的知識和信息，而不同知識、信息的相互碰撞有助於成員間的觀點創新，並增進成員對團隊任務目標的認識和領悟（Brandon & Hollingshead，2004；De Dreu & Weingart，2003），然而，也正是由於團隊內部成員間背景上的差異，使得團隊成員在合作的過程中會相對地保持個體思維的獨立性，很難實現全體成員思維的完全同

步，這就容易導致衝突的出現。成員往往會在任務內容、任務目標完成的路徑、工作分配和成果分享等方面產生不同的意見；他們需要通過反覆聲明自己的觀點、列舉相應的理由來批駁不同的觀點；需要通過彼此的否定盡量揭露合作過程中存在的問題。只有通過這樣的衝突，才能尋找到更合理的途徑和方法來實現他們的合作目標（Tjosvold，1984）。就是在這樣的不斷溝通、碰撞等衝突過程中，團隊成員最終達成一致意見，合作性地實現團隊的共同目標。

綜上所述，團隊層面的衝突屬於合作性衝突，團隊內部擁有共同的目標和合作的氛圍，和傳統意義上的競爭性衝突是有很大區別的。而且，團隊內部衝突雖然具有競爭性成分，但競爭與合作並不矛盾；相反，在某些情況下競爭還能夠賦予合作強大的生命力。

基於上述衝突的定義和合作衝突的研究基礎，本研究提出了團隊衝突的概念，認為團隊衝突屬於團隊內部衝突，是指具有共同目標的合作群體，在協作過程中成員之間發生的不相容的行為活動。

2.1.3 團隊衝突的分類

從不同的角度可以對團隊衝突進行不同的類型劃分，其中最為重要、最具研究價值的一種劃分角度是依據衝突的目標對象是「人」還是「事」。Guetzkow 和 Gyr（1954）首次依據該角度提出了實質性衝突和情感性衝突的劃分方法。實質性衝突的研究對象是「事」，與團隊任務相關；而情感衝突的研究對象是「人」，與團隊成員的關係相關。此後，Priem、Price（1991）和 Pinkley、Northcraft（1994）也依據該角度，提出了任務衝突和社會感情衝突、認知衝突和情感衝突的劃分方法。

1. 任務衝突和關係衝突

依據前人的研究，Jehn（1995）按照衝突目標對象的不同，通過深度訪談和實地觀察工作場景中的團隊，將衝突類型劃分為任務衝突和關係衝突。

Jehn（1995）、Jehn 和 Mannix（2001）在他們的文章中給出了兩種衝突的明確定義，認為任務衝突是緊密圍繞團隊任務而展開的，是團隊成員對於團隊任務的內容、解決方法和解決途徑等存在不同的意見或觀點上的差異；關係衝突則與團隊內部的人際關係相關，是指團隊內部成員由於個人特殊偏好等差異所導致的人際關係上的壓力和個人的沮喪感，包括焦慮、憤怒及厭惡等情緒成分。

之後的團隊衝突研究大多沿用了任務衝突與關係衝突這種分類模式和定義（Amason & Sapienza，1997；Amason & Mooney，1999；De Dreu & Weingart，2003）。還有一些學者提出了其他的分類方式，其分類實質卻大同小異；對任

務衝突和關係衝突的定義也只是根據具體情況稍作調整。

2. 任務衝突和關係衝突的測量

基於任務衝突和關係衝突的分類，Jehn（1994）開發了團隊內部衝突量表（Intragroup Conflicts Scales, ICS）。該量表共有9個題項，其內部一致性較高（α=0.88），任務衝突（α=0.87）和關係衝突（α=0.92）的維度測量也都表現出較好的內部一致性。由於該量表在信度和效度方面都表現良好，因而被眾多的學者在衝突研究問題上廣泛使用（Amason, 1996; Tidd, McIntyre & Friedman, 2004）。後來，Pearson、Ensley、Amason（2002）通過多組樣本數據擬合，對Jehn開發的ICS原始量表進行了修正和改進，得到了預測效度更佳的新ICS量表。

隨著一些學者開始通過行為模擬實驗來研究團隊衝突問題，一些學者嘗試著開發了一些更貼近行為實驗的量表。例如，Devine（1999）開發了任務衝突和關係衝突的描述性量表。觀察者根據被試在實驗中的表現，再對應量表給出相應的評分。任務衝突的評分者間信度係數為0.80，關係衝突的評分者間信度係數為0.84，都達到了可以接受的水平。Hobman、Bordia、Irmer、Chang（2002）在其研究中給出了任務衝突和關係衝突的不同定義和例子，然後由判定者根據定義對實驗中出現的每種衝突進行計數，用數量來衡量每種衝突的激烈程度。這些測量方法都對團隊衝突的測量進行了有益的開拓，並且在一定程度上顯得更為客觀。

3. 任務衝突和關係衝突的關係

雖然任務衝突和關係衝突在類型劃分上有著明顯的界限；但在實際團隊作業中，這兩種衝突卻有著非常緊密的關係。

越來越多的學者在衝突研究中發現，在團隊互動過程中很難把理性和情感完全割裂開來，因而關係衝突總是尾隨著任務衝突而出現的（Simon & Peterson, 2000; De Dreu & Weingart, 2003）。即使團隊成員是針對任務本身內容存在意見或分歧，在這種純任務性的衝突過程中也難以避免會注入成員的主觀情緒，致使原本僅針對「事」的任務衝突轉化升級為針對「人」的關係衝突（Garcia Prieto, et al., 2003; Jehn, 1997）。這一推論得到了多位學者實證研究結果的支持，任務衝突和關係衝突之間存在著顯著的正相關關係（r=0.34~0.88, mean r=0.56）（見表2-1）。

任務衝突和關係衝突為什麼會有如此一致的相關性呢？經過學者們的研究，認為任務衝突通常是因為一系列的錯誤歸因而引發關係衝突的，而這種錯誤歸因至少表現在以下三方面：

第一，根據 Heider（1958）的歸因理論，人們通常會將成功歸功為自己的能力，而將失敗歸為外部因素所致。在團隊討論中，當成員的想法或觀點遭到他人駁斥時，他們通常會心有不甘，會認為之所以會遭到駁斥是因為他人心懷惡意或心存自私想法等，而絕對不是因為自己的想法不可行（Jehn, 1997; Amason, 1996; Eisenhardt & Bourgeois, 1988）。

第二，在團隊討論中，成員經常會評判別人的「反對意見」是源於內因還是外因，並評估別人意見的完整性和精確性。當他們判斷別人的反對意見中存在著人身攻擊或隱藏的意圖時（Amason, 1996; Eisenhardt & Bourgeois, 1988），任務衝突就會通過有偏見的信息加工（Biased Information Processing）和自我實現的預言（Self-fulfilling Prophecy）引起成員之間情感上的衝突。

第三，團隊成員對於模糊的衝突行為，通常會按照自己對團隊或個人的預期來進行理解。當成員之間缺乏信任，成員就會將含糊不清的衝突行為理解為是有惡意的意圖，並通過自己的行為傳遞這種不信任。當其他被誤認為有惡意意圖的成員感受到這種不信任時，也會回報以不信任（Creed & Miles, 1996; Zand, 1972）。這樣就形成了一個惡性循環，引發成員之間感情上的衝突。

正是基於這三方面的錯誤歸因，使得關係衝突總是成為任務衝突的「影子」（Jehn, 1997; Simons & Peterson, 2000），二者總是會按照一定的先後順序出現。

表2-1　　以往研究中任務衝突和關係衝突的相關係數

研究（年份）	r
Amason（1996）；Amason、Sapienza（1997）	0.39
De Dreu（1997）	0.34
Freidman、Tidd、Currall、Tsai（1998）	0.84
Jassen、Van de Vliert、Veenstra（1999）	0.46
Jehn、Northcraft、Neale（1999）	0.57
O'Reilly、Williams、Barsade（1998）	0.88
Pelled、Eisenhard、Xin（1999）	0.45
Simons、Peterson（2000）	0.55

資料來源：筆者基於 Simons 和 Peterson（2000）的文獻修改並整理。

2.1.4　團隊衝突的影響因素

關於引發團隊衝突因素的探討主要集中在任務層面和團隊層面上。

1. 任務層面的影響因素

任務層面的影響因素可以分為任務類型因素和成員在任務中的關係因素（Keller, 1994）。

任務類型因素是指任務的複雜性和不確定性。通常簡單的、常規性的任務不會引發太多的爭議，一般不會產生太多的任務衝突；但複雜的任務因為涉及的內容、目標較多，會激發大家去思考，從而產生有益的意見分歧（Gersick & Hackman, 1990）。任務本身的不確定性會給團隊提出多個有待商議的問題，給成員更多的想像空間，促使成員之間的交流溝通，擴大衝突（Van der Vegt, Emans & Van de Vliert, 2001）。當團隊面臨不確定性較大的創新型任務時，成員們通常會各抒己見，進行深層次的信息碰撞，建設性地完成任務（West, 2002）。

團隊成員在任務上的依賴程度決定了成員之間親密合作的關係。成員之間依賴性越高，成員之間的合作就會越緊密。當他們共同處理任務相關的信息（Wageman & Baker, 1997）時，必然會在團隊內部互動過程中引發一定程度的衝突（Jehn, 1995; De Dreu & Weingart, 2003）。

2. 團隊層面的影響因素

（1）影響因素的研究過程。團隊層面的影響因素包括一些基本的團隊構成特徵，如團隊規模、領導風格、團隊氛圍、內部異質性等（Mooney, Holahan & Amason, 2007; Hinds & Bailey, 2003），其中，對內部異質性的探討最為廣泛和深入。學者們普遍認為，團隊成員具備的差異特徵是團隊衝突的根本來源。對成員異質性的早期研究較為關注一些表層的特徵，主要由一些基本的人口統計信息內容構成，例如年齡、性別、種族、工作時間等（Pelled, Eisenhardt & Xin, 1999），但隨著研究的深入，學者更多地開始關注深層次的差異因素，例如文化差異、職業背景差異等（Tan & Wei, 2006; Lovelace, Shapiro & Weingart, 2001）。目前，跨文化因素已成為了研究的熱點。

（2）跨文化因素對團隊衝突的影響。文化是包括全部的知識、信仰、藝術、道德、法律、風俗以及作為社會成員的人所掌握和接受的任何其他才能和習慣的複合體（Tylor, 1871）。國外管理學家經過研究與實踐提出了一系列衡量國家文化差異的理論，其中最具代表性的是 Hofstede（1980）提出的文化價值觀理論，在權力距離、個人主義、男性化、不確定性規避、長期導向五個維度上體現了各國員工的國別差異。與其齊名的還有 Hall E. T.（1976）提出的高低情景文化理論以及 Kluckhohn F. R. & Strodtbeck F. L.（1961）提出的六維價值觀取向模型（與環境的關係、時間取向、人的本質、活動取向、責任中心、空間概念）。不同的文化內涵產生不同的價值觀、道德準則和行為方式。

當兩種文化共同作用時，必然會產生碰撞、發生衝突（Sandra M. F. & Margaret D. P., 2010）。Shutter（1977）曾通過跨國研究證實文化價值觀對群體產生顯著影響，跨文化群體中發生衝突的幾率和激烈程度要比同質群體高出許多。一方面，跨文化團隊成員在價值、經驗、技術、思維方式上的衝突會激發團隊的創造性思維，避免「群思」現象；另一方面，由於團隊成員在價值觀和行為方式的差異而引發了信任度降低、人際衝突加劇（Ricarda B. Bouncken & Viviane A. Winkler, 2010）。在 Wiersema 和 Bird（1993）建立的跨文化情境模型中，他們對比了美國和日本的企業團隊，發現不同文化背景下個體對人口特徵差異心理衝擊的感知是不一樣的。在以集體主義為主的東方文化中，個體對團隊異質性的忍耐程度比較低，因而當團隊是由不同文化、不同職業背景的成員組成時，都很容易產生抵觸情緒，內部非常容易產生衝突。可見，文化差異是引發團隊衝突的一個重要誘因。

2.1.5　團隊衝突對團隊績效的影響

Mc Grath（2000）認為，在實際工作情境中，團隊成員間交互過程中的衝突問題對團隊績效的影響尤為關鍵。學者們主要圍繞衝突「是否」「如何」影響團隊及個人行為展開了研究（見圖2-1）。

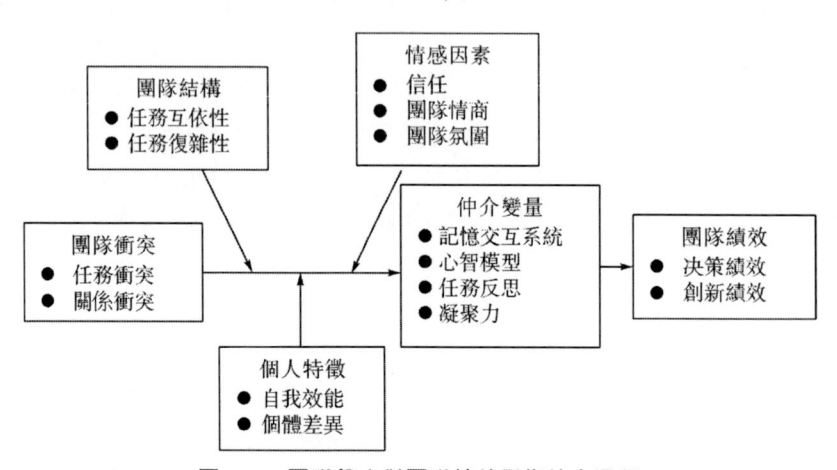

圖 2-1　團隊衝突對團隊績效影響的全過程

1. 團隊衝突是否影響團隊績效

團隊衝突是否對團隊及個人行為產生影響。答案是肯定的。不論是相關理論還是實證調研數據都顯示團隊衝突會對團隊行為和個人行為產生很大影響。早期普遍認為團隊衝突會降低團隊工作績效和團隊滿意度（Pondy, 1967;

Thomas，1976），認為在團隊成員互動中應盡量避免衝突，對已經發生的衝突進行及時地抑制和管理。後來隨著團隊衝突的理論研究和實踐的發展，團隊衝突的正效用逐漸被研究者認識和發現，認為團隊衝突在某些情況下可以提高團隊的決策質量和工作績效。這種自相矛盾的研究結果促使學者們做出了進一步的研究，結果發現衝突之所以會產生不同的影響，是因為衝突本身是一個多維度的概念，某些維度的衝突會產生正向影響，而某些維度的衝突會產生負向影響。

學者們主要以 Jehn（1995）劃分的任務衝突和關係衝突為基礎，分別驗證了這兩種衝突對團隊績效的影響。

關係衝突對績效的影響。學者們認為關係衝突總是產生負面影響，它可能引發團隊成員憤怒、緊張、焦慮、壓力、挫折感等負面情緒，從而造成其工作滿意度降低、動力不足和工作績效下降（Jehn，1995；Amason，1996；Porter & Lilly，1996）。學者們主要關注了關係衝突是否會對團隊成員的情感、工作態度、工作過程和團隊績效產生負面影響，結果發現關係衝突容易導致成員易怒、多疑及復仇的負面情緒，破壞了人與人之間的相互信任感（Coser，1956；Deutsch，1969）。此外，Jehn（1995）和 Amason（1996）的研究都表明，關係衝突總是會破壞團隊績效，對團隊的認同感、團隊成員的情感接受和滿意度都有消極負面的影響。總而言之，到目前為止，大量的實證研究都顯示關係衝突總是會帶來消極影響（Pelled, et al.，1999）。

任務衝突對績效的影響。關於任務衝突的影響，至今學術界仍有較大爭議；對其影響到底是正面的還是負面的，仍沒有一個統一的回答。一些學者認為任務衝突是有積極作用的。任務衝突會促使團隊成員交換不同背景的知識和工作信息，激發新的觀點以提高團隊決策的質量。適度的任務衝突還可以促進集體學習，進而促進創新觀點的發展（Jehn，1995；De Dreu，2006）。另外，任務衝突還能使團隊成員通過交流，澄清彼此的誤解，增加對工作和彼此的認同與瞭解，有助於形成團隊成員良好的工作態度，如工作滿意度、認同感、情感接受性等（Janssen, Van de Vliert & Veenstra，1999；Amason，1996）。任務衝突的有利作用得到了越來越多的認可，一些管理學教材也將任務衝突對團隊績效的正向影響納入了課程內容。但同時一些學者也指出，任務衝突會帶來過多的信息，產生過量的認知負荷，會干擾成員的正常任務處理程序，從而導致團隊績效受損（Porter & Lilly，1996）。還有研究指出，任務衝突和關係衝突有正向關係，任務衝突會引起成員間情感上的衝突，對團隊績效產生負面影響（Jehn，1997；Northcraft & Neale，2001）。De Dreu、Weingart（2003）在前人研

究的數據基礎上進行再分析，發現從整體看，任務衝突對團隊績效是有負向影響的，任務衝突與團隊績效、員工滿意度之間呈負相關關係。

2. 團隊衝突如何影響團隊績效

在回答了團隊衝突會深刻影響團隊績效這個命題後，學者們又進一步把研究重點放在了團隊衝突「如何」影響團隊績效上，試圖打開「團隊衝突—團隊績效」之間存在的「黑箱」。由於團隊衝突有任務衝突和關係衝突之分，涉及多樣的社會線索和信息，以及情感因素，因此學者們就從信息溝通和情感回應等路徑入手，選擇了多種仲介因素作為「團隊衝突—團隊績效」之間的過程變量進行研究（見表2-2）。

表2-2　　　　　　團隊衝突影響團隊績效的仲介變量

仲介變量	主要結論	代表人物（年份）
團隊交互記憶	任務衝突可以促使成員加深記憶，而交互記憶系統能夠顯著促進團隊績效的提升、目標的實現	Ellis（2006）；汪潔（2009）；陳振嬌（2009）
任務反思	在反思過程中，團隊將不同觀點進行同步整合，嘗試轉換為新思維，最終可以形成更合理的判斷	Schippers、Den Harton、Koopman（2007）；汪潔（2009）
團隊心智模型	任務衝突可以促使成員交流自己的觀點，而成員對知識的共享程度可以促使成員對團隊作業做正確的解釋	Ellis（2006）；Austin（2003）
團隊凝聚力	關係衝突對團隊凝聚力具有負面作用；團隊凝聚力被破壞，不利於團隊形成合力，不利於團隊目標的達成和成員滿意度的提高	陳振嬌（2009）；王國峰等（2007）

資料來源：筆者根據相關文獻整理。

一些學者從信息角度出發，認為任務衝突可以引起團隊內部更多的溝通交流，有助於強化團隊內部的交互記憶；而交互記憶可以促使成員進行有效地互動學習，有助於提高團隊整體的效率，創新績效表現。因此，Ellis（2006）、汪潔（2009）、陳振嬌（2009）在他們的研究中都選用交互記憶（Transactive Memory）作為任務衝突和團隊績效的仲介變量，並都通過實證證明了交互記憶的仲介作用。還有學者選取了任務反思（Task Reflexivity）作為任務衝突和團隊績效的仲介變量，認為團隊成員就任務內容存在不同的看法有助於匯聚不同視角的信息，對不同信息的質疑可以促成就任務議題進行集體的開放式探索，即任務反思；而任務反思一方面能促使團隊內部信息得到合理的分配和使用，另一方面還能通過對專長的相互啓發，促進團隊方案的創新，使得團隊各

方面績效得到提高（Schippers, Den Harton & Koopman, 2007；汪潔, 2009）。

近年來有不少學者從社會線索和信息兩個角度出發，選取團隊心智模型（Team Mental Model）作為團隊衝突和團隊績效的仲介變量。團隊心智模型是團隊成員共享的關於團隊相關情景中關鍵要素的理解和心理表徵（Cannon, Bowers & Salas, 1993）。當團隊形成心智模型時，團隊成員能夠用相似的方式來描、解釋和預測團隊的相關事件，形成共享的知識結構，協調彼此的行動，這對提高團隊合作效率、工作效率都是非常有益的。任務衝突可以激發團隊成員的良性思維互動，增進彼此之間的熟悉和理解，有利於形成團隊心智模型。但關係衝突會使成員產生各種負面情緒，導致團隊成員之間產生敵對性行為，不容易形成心智模型（Ellis, 2006；Austin, 2003；張濤, 等, 2008）。

以情感因素作為團隊衝突和團隊績效的仲介變量進行研究的也有一些，包括團隊凝聚力、團隊信任、團隊氛圍等。例如陳振嬌（2009）就研究了關係衝突通過團隊凝聚力對團隊績效產生的影響，認為關係衝突的存在會使團隊成員的負面情緒上漲，成員之間的關係變得惡劣，團隊對成員的吸引力遭到破壞；團隊凝聚力的喪失，使得團隊互動溝通陷入僵化局面，成員缺乏安全感，對團隊的工作績效、知識共享和創新等都具有較大的負面影響。類似的還有學者們發現關係衝突也會通過破壞團隊內部信任、團隊氛圍等，進而對整個團隊績效產生負面影響（肖璐, 2010；Amason & Mooney, 1999；馬可一, 2005）。

從目前的研究成果看，學者們已經通過實證的方法驗證了多種變量的確對團隊衝突和團隊績效的關係起了仲介作用，部分揭秘了二者之間的「黑箱」。

3. 團隊衝突何時影響團隊績效

在不同的環境中，團隊衝突可能對團隊績效帶來不同的影響。於是學術界開始探索情境因素對團隊衝突效應發揮的影響，通過設置不同的情境條件來研究任務衝突和關係衝突對團隊績效的不同影響。目前的研究主要考慮的情境因素包括：①團隊層面因素；團隊層面因素又可分為任務因素和情感因素，例如團隊任務類型、任務之間的互依性、信任、凝聚力、團隊情商等；②個體層面因素；例如自我效能感等（見表2-3）。這些因素一方面可以調整任務衝突與關係衝突的關係，防止任務衝突向關係衝突轉換；一方面也可以緩和關係衝突與團隊績效的負向關係。由於本研究的研究對象已確定為高管團隊，而高管團隊面臨的都是非常規性的任務，任務類型是明確的。所以本書把關注的重點放在了團隊情感、認知能力方面的因素上，故主要對情感、認知等情境因素進行相關的梳理、分析。

表 2-3　　　　　　　團隊衝突影響團隊績效的情境因素

情境因素類型	具體因素	主要結論	代表人物（年份）
任務因素	開放性交流規範	開放性規範能夠有效鼓勵人們表達他們的疑惑、觀點，將有助於加強衝突的正面影響或削弱其負面影響	Tjosvold & Sun（2003）
	任務依賴性	任務相互依賴性越高，任務複雜程度越高，任務衝突對團隊決策績效的正面影響就越大	Katenovon（2005）
	任務類型	常規任務中，任務衝突對團隊績效具有負面作用；非常規任務中，任務衝突對團隊績效具有正面作用	陳振嬌（2009）
情感因素	信任	低信任狀態下，任務衝突與關係衝突顯著相關；高信任狀態下，任務衝突與關係衝突的關係不顯著	Simon & Perterson（2000）
	團隊情商、減少負面情緒	團隊情商、減少負面情緒等因素將削弱任務衝突與關係衝突的正向關係	Yang & Mossholder（2004）
個人因素	自我效能	團隊成員自我效能越高，就越能夠阻止任務衝突向關係衝突轉化	Ellis（2006）

資料來源：筆者根據相關文獻整理。

（1）情感因素的調節作用。研究情感對沖突和績效二者關係的調節作用，學者們主要選取了團隊情商、感知團隊氛圍、信任等情感因素。

第一，團隊情商。團隊情商即團隊情緒智力，是團隊綜合感知、調節、評價和表達情緒的能力（陳權，2013）。整個團隊的情緒智力水平越高，成員之間的語言溝通和情感交流水平就越高；因而團隊內部就越容易構建起和諧融洽的工作氛圍。

Ashkannsy 等（2002）的研究表明，團隊成員的情緒智力會顯著影響團隊的交流和溝通。成員情緒智力水平越高，成員之間的交流溝通就越順暢，成員就越能正確對待互動過程中出現的問題。因此，在高情緒智力的團隊中，即使團隊成員在決策過程中就任務產生爭論和分歧，團隊成員也能通過正確的人際溝通方式對這些爭論進行溝通和協調。Cherniss 等（2001）深入研究了團隊中個體情商和衝突解決能力的關係，發現在衝突問題的處理上，高情商個體的能力明顯高於低情商個體。高情商個體總是能冷靜面對沖突，積極尋找解決問題的方法，在團隊最終決策方案的提出中發揮了重要的作用。Jordan 等（2002）發現，團隊情緒智力有利於形成良好的團隊情緒，從而形成良好的團隊內部氛圍，促進團隊內部團結。情緒智力高的成員更容易凝聚在一起，為實現團隊目

標而努力工作。良好的團隊工作氛圍和團隊凝聚力能使成員之間工作氛圍融洽，並具有統一的工作目標，這都有利於降低任務衝突轉化為關係衝突的可能性，降低關係衝突對團隊績效的負面影響，使任務衝突和團隊決策績效之間的潛在正向關係得以擴大。

第二，感知團隊氛圍。感知團隊氛圍是指在團隊的互動過程中，團隊成員對團隊認同、參與的安全感、績效高標準和合作的機制支持的認知（Klivimaki & Elovainio，1999），可以用團隊認同、開放性程度和信任等指標來衡量。成員對團隊目標越認同，團隊的開放程度越高，成員之間彼此越信任，整個團隊氛圍就越好。

組織成員明確承諾和讚同組織所確定的發展方向，才會有合作交流的動力（McKee，1992；Norman，1985；Senge，1990）。在決策討論過程中，共同的目標會促使成員「就事論事」，促進成員之間的信息分享和溝通交流；而不會對爭論和分歧產生「誤讀」，導致人際衝突的產生。Schweiger（1989）發現能容忍不一致意見的氛圍會造成團隊內部的任務衝突，增加信息交換量。Eisenhardt和Bourgeois（1988）指出在鼓勵公開表達意見的團隊裡，相互攻擊和隱蔽的政治行為會比一般團隊少，團隊內信任氛圍會增強。中國學者馬碩等（2011）提出團隊氣氛可以負向調節任務衝突和關係衝突的關係，即團隊的氛圍越融洽，任務衝突和關係衝突之間的相關關係就會越弱。

第三，信任。McAllister（1995）提出信任是個體對他人的相信程度，並願意基於他人的語言、行為和決定採取行動；並把信任劃分為認知型信任（Cognition-based Trust）和情感型信任（Affect-based Trust）。眾多的學者對信任與組織績效的關係進行了大量的研究，結論基本都表明信任對績效可以產生積極的影響。

當團隊成員之間建立起信任後，成員對他人的能力和責任都會具有相當程度的理性判斷，可以有效減少對他人提供的信息真實度的質疑，使成員可以更中肯、全面、敏銳和及時地捕捉和接受有用的任務信息（McEvily, et al., 2003）。Langfred（2004）認為信任可以通過溝通等仲介因素促進組織工作績效。McEvily等（2003）認為信任可以通過簡化信息的獲得和理解有效提高決策質量。Kurt（1999）的研究也發現群體內的信任對群體績效具有顯著的正效應。當團隊內部信任度較高時，成員之間溝通融洽，信息交流充分，成員更專注於任務過程，容易取得更高質量的決策；相反，當團隊內部信任度較低時，成員往往會花費大量的時間、精力去打破彼此的戒備，很難達成一致意見，致使決策效率低下。中國學者陳燦等（2006）通過對中國家族企業進行實證調

查，認為信任對決策團隊的決策質量和決策承諾有正面影響。Simons 和 Peterson（2000）提出信任不僅可以促進團隊內部的任務衝突；還能有效防止任務衝突向關係衝突轉化。信任可以通過強化任務衝突的正面作用和消解關係衝突的負面作用來提高團隊的決策績效。

（2）個體因素的調節作用。研究個體因素對「團隊衝突—團隊績效」的影響，主要選取了自我效能感和求知動機等因素。自我效能感是指個體對自己能夠實現某個目標取得成功的信心或信念。自我效能感會影響人們動機性努力的程度、人們的思維過程和情感過程（Albert Bandura, 1986）。當團隊成員具有較高的自我效能感時，他們對自己能制定出高質量的決策充滿信心，堅信自己一定能完成團隊目標。他們工作積極性高，會挑戰組織已存範式，主動尋找問題的解決辦法，不會輕言放棄。在決策討論過程中出現不同的意見和分歧時，自我效能感高的成員通常會採取更加積極主動的行動，主動地將注意的焦點放在尋找有用的信息上，以及如何更好地解決問題上，這都有益於團隊決策質量和決策承諾的提高。Ellis（2006）曾對自我效能感對團隊衝突和團隊績效的調節作用做過研究，結果發現，自我效能感的確能起到正向調節作用。求知動機是人們願意為全面、準確地瞭解某一事物而付出努力的意願（De Dreu, et al., 2006），決定著團隊信息加工的深度，也影響著團隊決策績效。求知動機的提法來源於動機性信息加工理論，該理論最初是由 De Dreu 和 Carnevale（2003）針對談判領域提出來的，之後 De Dreu 等人又將該理論進一步擴展到團隊決策領域。該理論的核心思想是，成員求知動機的水平直接決定著決策過程中信息分享的數量和質量。團隊信息加工的深度取決於求知動機。當團隊的求知動機處於高水平時，團隊會進入系統性信息加工模式（Systematic Information Processing），成員會全面、系統地分析、評估、整合所有的信息（Chaiken & Trope, 1999）。當團隊的認知動機處於低水平時，團隊會進入啓發式信息加工模式（Heuristic Information Processing），在這種模式下，成員們只對能輕易獲取的信息進行加工，而且信息加工欠缺深度。Stasser 和 Birchmeier（2003）認為，求知動機還會影響團隊尋找信息和加工信息的方式。在求知動機水平高的團隊中，成員通過彼此間的溝通盡可能最大化地發掘相關信息，並對所有信息進行充分地分析和加工，此之謂「信息驅動型加工方式」；而在求知動機水平低的團隊中，成員們僅依據自己的偏好就對信息進行分類和取捨，把各自的偏好集合在一起形成團隊最終的判斷，此之謂「偏好驅動型加工方式」。正是基於求知動機能有效改善團隊信息的加工質量，眾多學者對求知動機對團隊的效能展開了大量的研究。研究結果認為，求知動機有利於提高團隊

决策質量（Chirumbolo, et al., 2004; Scholten, 2007），有利於提高團隊學習效率（De Dreu, 2007），有利於增強團隊成員的工作恒心，加深工作投入程度，提高工作績效和產出（Grant, 2008）。

就目前研究狀況來看，雖然求知動機的研究在談判領域、決策領域均有所涉及，但這些研究通常把求知動機當作自變量，直接研究求知動機對信息加工和團隊績效的影響，研究範圍比較狹窄。本研究認為，任務衝突在團隊決策過程中可以增加信息分享的數量；而求知動機能使成員將主要精力放在對各類信息的分析評估上，提高信息的有效利用率；二者結合在一起相得益彰。因此，可以考慮把求知動機作為團隊衝突和決策績效的調節變量進行拓展性研究。

2.2 團隊（群體）決策相關研究現狀

在這個科技日新月異、經濟瞬息萬變的年代，企業面臨的決策更加複雜多變。現代企業對於決策的高要求絕不可能僅僅依靠個人的能力和經驗就可以達成。面臨紛繁複雜的信息，群體決策能夠更有效地利用群體所擁有的信息，做出更為有效的決策。因此，有關群體決策的研究越來越受到學者們的重視，群體決策已成為現代決策研究的主要內容之一。時至今日，有關群體決策的相關研究也取得了較多的成果。

2.2.1 團隊決策的內涵

在一個複雜的決策中，環境因素的不確定性、目標的多樣性、時間的動態性等因素都必須在考慮之列，這已經遠遠超出了個人能力所及的範圍，必須發揮集體的智慧，由多人參與決策分析。參與決策的人，就構成了決策群體，決策是他們的主要任務。而群體決策就是指他們對相關事件進行討論並最終做出決策的過程。

在傳統社會心理學研究中經常使用「群體」這種說法，但在工業和組織心理學的研究中更多地是使用「團隊」這種說法。雖然 Orasanu 和 Salas（1993）曾對這兩個概念進行過區別，認為群體中的成員具有高度的同質性；而團隊中的成員卻具有高度的異質性。但目前更多的研究都認為群體和團隊這兩個概念是可以互換的。鑒於本研究的研究對象是高層管理團隊，所以在後續的研究中都使用「團隊」這一概念。

與個體決策相比，團隊決策的優點主要表現在：①有利於集中不同領域專

家的智慧；②有利於獲取不同來源的信息；③有利於利用成員不同的工作背景和經驗；④有利於提高決策的可接受性，提高成員對最終決策的認同感。這些優點都有助於在決策過程中發掘問題、尋找最佳決策方案，形成科學的決策；而且還能提高決策實施的質量，保證決策的順利實施。

但團隊決策也存在一定的缺點，例如會耗費較多的人力物力，延長決策時間，造成群體成員互相推諉責任，形成群體壓力，迫使少數人聽從多數人的意見，形成「群思」，等等（Baker, 1992）。

2.2.2　團隊決策中的訊息加工

1. 團隊決策中的信息加工模型

團隊作為信息加工者的觀點有一個核心假設，就是團隊決策過程中信息分享的數量和質量會對團隊決策績效起到決定性的作用（Hinsz, et al., 1997）。圍繞這個核心假設，學者們對信息分享和團隊決策績效展開了豐富的研究，先後出現了群體思維理論（Group Thinking）、社會決策圖式（Social Decision Scheme）、多層次團隊決策理論（Multilevel Theroy of Team Decision Making）、信息取樣模式（Information Samplig Model）等多種團隊決策模型。雖然這些模型研究的內容和側重點均有所不同，但研究者都認為信息分享的程度與團隊決策質量成正相關。

（1）群體思維理論。群體思維理論最早是由 Janis（1972）提出來的，她認為團隊決策在某些環境下會制約信息加工，形成群思。例如成員思想過度集中、領導強勢、計劃或方法已被默認、受外界的威脅、感知時間壓力等情況出現時，團隊成員會傾向於為避免矛盾而減少對事實的分析或避免引入新的想法，導致最終決策並不是一個好的方案。

（2）社會決策圖式模型。在社會決策圖式模型中，分配給成員的任務信息是一致的，對團隊決策的影響因素的研究主要集中在信息和規範的作用大小上。Kaplan 和 Miller（1987）把任務劃分為智力型任務和判斷型任務，研究者發現在前者中，信息比規範對團隊決策的影響大得多；在後者中，規範比信息對團隊決策的影響大得多。在此類範式中，Parks 和 Nelson（1999）還研究了成員偏向分佈和團隊討論的關係，研究表明，成員偏向分佈在較大多數以上時，團隊的最終決策都符合討論前絕大多數成員的意見。

（3）信息取樣模型。信息取樣模型是 Stasser 在 1985 年基於不同實驗設計而構建的。在設計信息取樣模型時，前提條件是分配給成員的任務信息是不一樣的，存在共享信息和非共享信息之分。討論前，團隊成員全都知曉的信息即

為共享信息；而討論前僅被某個成員單獨知曉的獨特信息即為非共享信息。團隊的討論過程實際就是一個取樣過程，成員回憶並且提及某一信息時，就意味著某一信息取樣發生了。但 Stasser（1988）、Larson（1994）、Wittenbaum（1999）等人對團隊討論內容的研究結果顯示，成員們更熱衷於提及和討論那些討論前成員都知曉的信息或者是討論前成員都偏好的信息，對其他成員的獨特信息卻很少討論，因此不能有效地將團隊成員各自擁有的信息進行很好地整合。這種有偏見的抽樣模式使得成員總是集中於討論那些共享信息，而忽視非共享信息。在 Stasser 的模型中有一個隱藏的假設，即抽樣的的獨特信息越多，團隊的決策質量也就越高。在後繼的研究中，學者們也多次驗證了該假設。Larson 等（1998）以及 Stewart、Billings、Stasser（1998）從獨特信息分享時間占團隊討論時間的比例、獨特信息數量在討論信息數量中所占比例、去掉重複率後獨特信息數量在討論信息數量中占比例等角度，都證明了在團隊討論中獨特信息分享與決策質量具有正向關係。Lu 等（2012）對 21 個研究進行元分析，也同樣認為不管是獨特信息被提及的次數還是獨特信息被討論的次數都與決策質量呈正相關。成員將各自擁有的獨特信息在團隊中分享，並共同對獨特信息進行反覆地討論，可以促使成員更深入地瞭解任務背景、內容、目標，有利於決策質量的提高。

上述團隊決策模型都從不同角度論證了信息分享和團隊決策質量的關係，其中信息取樣模型中提到的獨特信息與決策績效的關係得到了學者們的高度重視。學者們都認為提高團隊中獨特信息的分享是提高團隊決策績效的關鍵。

2. 提升獨特信息分享的方法及實證研究

如何才能提高團隊中獨特信息的分享呢？眾多的國內外學者都致力於研究提高獨特信息的方法，從團隊規範、專家意見、任務類型、反事實思維、溝通媒介、決策輔助系統等不同角度入手，尋找出有利於提高獨特信息分享的方法，並通過實證進一步證明了獨特信息分享和團隊決策質量的正相關關係（見表 2-4）。

表 2-4　　　　　　　　　提升獨特訊息分享的方法

研究角度	主要結論	代表人物
團隊規範	進行批判性思考的團隊更能挖掘獨特訊息	Porstmes 等（2001）
專家意見	非共享訊息是由專家提出的，具有信度保證，團隊成員更容易接受和討論此類非共享訊息	Larson 等（1994）

表2-4(續)

研究角度	主要結論	代表人物
任務類型	和判斷型任務相比，解決問題型任務更容易讓團隊成員關注非共享訊息	Stewart & Stasser（1995）
反事實思維	啟動反事實思維組比沒有啟動組更多地討論了非共享訊息	Galinsky & Kray（2004）
溝通媒介	CMC 組比 FTF 組討論了更多的非共享訊息	Lam & Schauboreck（2000）
決策輔助手段	採用 MAU 決策輔助手段的比自由討論更有利於討論非共享訊息	朱華燕（1999）

資料來源：筆者根據相關文獻整理。

　　Postmes 等（2001）研究了團隊規範在團隊討論過程中對信息分享的影響，認為在強調團隊一致性的規範下，成員會更重視大家都知曉的共享信息以保持步調一致；反之，在注重批判性地看問題的規範下，成員會更多地強調獨特信息以體現批判的精神。因此批判性的團隊規範下，團隊的決策質量會更高。Larson 等（1994）認為獨特信息之所以受到的關注少，是因為獨特信息只由單獨的成員掌握，其他成員無法對其正確性進行評價。因而，獨特信息如果由專家提出的，具有信度保證，團隊成員更容易接受和討論此類信息。Stewart 和 Stasser（1995）把任務類型分為判斷型任務和解決問題型任務，結果發現成員在完成解決問題型任務時，對獨特信息的取樣更多。另外，Lam 和 Schaubroeck（2000）將被試分為 CMC 組和 FTF 組，分別研究了兩組的信息取樣情況，發現 CMC 組討論的獨特信息數量遠多於 FTF 組，原因是 CMC 組成員可以同時共享他們的信息，不會阻礙其他成員的思考。Galinsky 和 Kray（2004）通過實驗對比，發現啟動反事實思維的團隊比沒有啟動反事實思維的團隊更多地討論了獨特信息。中國學者朱華燕（1999）專門作了關於決策程序對信息分享影響的研究，發現如果採用 MAU 決策輔助手段，會比自由討論討論更多的獨特信息。

2.2.3　團隊決策績效的維度及測量

　　團隊決策績效是一個多維度的結果變量，常用的團隊決策績效衡量指標包括決策質量、決策承諾、成員滿意度和情感接受度等（Amason, 1996; Priem & Harrison, 1995; Doolen, Hacker & Van Aken, 2003; Costa, 2003）。其中，從是否與團隊決策直接相關的角度看，決策質量應該屬於直接結果範疇；而決策承諾則屬於非直接的「周邊」績效範疇。目前，學者們往往是根據自己的研究

需要，選取適合自己研究角度的某幾個績效指標進行組合。

1. 決策質量

組織的業績很大程度上依賴於戰略決策制定的績效，而衡量決策績效最為重要的指標就是決策質量。抽象地說，決策質量是指一個決策對達成組織目標的貢獻（陳璐，楊百寅，井潤田，劉璞，2009）；而要具體衡量決策質量，則主要使用了主觀分析法和和客觀分析法。

主觀分析法就是採用量表調查團隊成員對決策質量的認知。目前，學術界常用的量表有 Dooley 和 Fryell（1999）、Amason（1996）等開發的量表。Dooley & Fryell（1999）開發的量表分為環境因素和過程因素兩方面，共有 7 個條目，包括「戰略決策是在業務環境不斷變化的假設之上做出的」「戰略決策是在獲得大量信息的基礎上做出的」等。各條目的 MSA（取樣適合性測度）均大於 0.70，且 7 個條目間均在 0.01 上顯著相關，滿足因子分析條件。Amason（1996）開發的量表共有 3 個題項，即「您對決策總的質量的看法是怎樣」「相對於決策的原始意圖來說，決策質量怎樣」「對於組織績效的作用，決策質量怎樣」。3 個題項的一致性系數 Cronbach's α 為 0.845。

客觀分析法主要運用在行為模擬實驗研究中。在實驗中，採用的案例通常都有一個明確的最佳結果，被試做出的選擇和最佳結果的距離越接近，則意味著其做出的決策的質量越高（Ganster, Williams & Poppler, 1991; Bottger & Yetton, 1987; Stasser & Taylor, 1989; Stasser & Stewart, 1992）。還有一些實驗採用的案例是用謀取最大經濟利益為標準，被試做出的選擇盈利越高，則意味著其決策質量越高（Devine, 1999; Priem & Harrion, 1995; Amason, 1996）。

2. 決策承諾

決策不能得到很好的執行，決策質量再高也沒有用。因此，決策能否很好地執行也是衡量決策績效的重要指標。成功的戰略實施需要決策團隊成員之間的密切合作，而合作水平又受到團隊成員是否願意履行決策的影響。團隊成員對決策的認可度和接受度即為決策承諾，將直接關係到決策執行過程中與其他成員的合作關係（Dooley & Fryell, 1999）。戰略決策的實施會耗費大量時間，必須克服眾多的反對意見和阻力（Allision, 1971; Mason & Mitroff, 1981），因而，團隊成員的承諾對決策和決策的成功執行具有非常重要的作用。成員對決策的承諾越高，就表明決策在執行過程中會遇到的麻煩越少，對組織績效越有利。

因為決策承諾是成員內心的想法，因而對決策承諾的衡量主要採用量表測定方法。比較常用的有 Wooldridge 和 Folyd（1990）、Dooley 和 Fryell（1999）

開發的量表。Wooldridge 和 Folyd（1990）開發的量表共有 5 個題項，包括「你個人對最終成為決策的方案有多支持」「最終的決策和你個人的偏好選擇是否一致」等。這些題項的一致性系數為 0.88。此後，中國學者汪麗、茅寧（2006）結合中國企業高層管理團隊的現狀，開發了一個決策承諾量表，共有 7 個題項，包括「高層管理者是否支持已制定的戰略決策」「所有者相信，戰略決策提高了公司效率」「所有者對戰略決策能夠成功十分關注和在意」等。該量表的信度 Cronbach's α 為 0.889。

2.3 文獻評述

團隊衝突和團隊決策的研究由來已久。團隊衝突的研究在內涵界定、類型劃分、影響模式等方面都取得了較為豐碩的成果。其中，團隊衝突對團隊產出影響的研究是團隊衝突研究的重中之重，該項研究一直圍繞團隊衝突「是否」「如何」以及「何時」影響團隊產出而展開。在團隊衝突「是否」影響團隊產出的問題上學術界都達成了共識；但在團隊衝突「如何」和「何時」影響團隊產出的問題上，雖然學術界進行了廣泛而深入的研究，但研究結果卻存在較大的差異，未得到一致結論。這就為後續研究提供了潛在的探索空間。

團隊決策的研究在內涵界定、決策績效的影響因素以及決策績效的衡量指標等各方面做了廣泛的研究，其中學者們最為關注、研究最為深入的內容是決策績效的影響因素。研究結果表明，任務性質、團隊組成、團隊決策的過程、程序都可以在一定程度上影響決策績效。但如果把團隊決策看成是一個信息加工過程（Hinsz, et al., 1997），那麼這些影響因素對決策績效產生的影響，實際上都會通過「信息加工」這一仲介因素來實現。因此如何提高團隊決策過程中的信息分享的數量和質量就成為了一個重要的研究內容。雖然學者們對此展開了較為豐富的研究，但提高團隊現場決策過程中信息加工質量的方法，以及對於信息加工和決策績效的關係研究仍存在較大的研究空間。

縱觀以往團隊衝突理論、群體決策理論以及相關文獻，還有待進一步研究的主要問題包括如下方面：

1. 以往對任務衝突和團隊績效的關係為單向實證研究，沒有同時考慮任務衝突對團隊績效的正負雙向影響

任務衝突是一柄「雙刃劍」，對決策績效的正面影響和負面影響同時存在，難以辨明。一些學者認為任務衝突會促使團隊成員交換不同背景的知識和

工作信息，激發新的觀點以提高團隊決策的質量。適度的任務衝突可以促進集體學習，進而促進創新觀點的發展（Jehn, 1995; De Dreu, 2006）。任務衝突還能通過交流，澄清彼此的誤解，增加對工作和彼此的認同與瞭解，有助於提高團隊成員的工作態度，如工作滿意度、認同感、情感接受性等（Janssen, Van de Vliert & Veenstra, 1999; Amason, 1996）。但同時一些研究也指出，任務衝突會帶來過多的信息，產生過量的認知負荷，會干擾成員的正常任務處理程序，從而導致團隊績效受損（Porter & Lilly, 1996）。還有研究指出，任務衝突和關係衝突具有正向關係，任務衝突一定會引起成員間情感上的衝突，對團隊績效產生負面影響（Jehn, 1997; Northcraft & Neale, 2001）。

雖然任務衝突對團隊績效的雙向影響在很多文獻中都有所提及，但卻很少有學者同時關注這兩種矛盾性的影響。學者們往往只根據自己的思路和設計進行分析，重視其中一面，而忽視另一面。現有文獻幾乎沒有將任務衝突的雙向影響同時納入研究範疇的，更沒有文獻對任務衝突對決策績效的雙向影響的影響機理進行深入分析。這種研究現狀使得任務衝突對團隊決策質量的研究結果比較片面，缺乏強有力的說服力，也不能為團隊衝突管理提供有效的借鑑。

2. 缺乏適合現場決策交流的團隊衝突研究

現場交流是決策制定最常用的方式，雖然網路、計算機的發展使得某些決策可以通過計算機輔助溝通來完成，但重大的、複雜的、信息量大的決策仍需要通過面對面的現場溝通來完成。在現場決策過程中，究竟會產生何種衝突，產生的衝突將對團隊最終決策產生何種影響，並通過何種途徑產生影響，都是很值得研究的內容。

目前學者們研究的衝突問題，通常是以團隊為對象，以一個項目完成的時間為限，考察的是在長期合作過程中團隊衝突對團隊績效產生的影響。在考察衝突對決策績效的影響機理時，通常是選用交互記憶、任務反思、團隊心智模型等需要經過長時間的累積才能形成的仲介因素（Ellis, 2006; Schippers, Den Harton & Koopman, 2007; Austin, 2003; Amason & Mooney, 1999; 汪潔, 2009）。

現今專門針對現場決策過程中團隊衝突與決策績效的關係的研究還很缺乏。這就給研究現場決策過程中衝突對決策績效的影響機理等留下了很大的空間。

3. 缺乏適合中國跨國企業高管團隊衝突現狀的情境因素研究

學者們對不同情境條件下任務衝突效應的發揮進行了探索，通過設置不同的情境條件來研究團隊衝突與團隊績效之間的關係。目前設置的情境因素主要

包括：①團隊結構因素：包括團隊公開交流規範、團隊任務相互依賴性及團隊任務類型（Tjosvold & Sun, 2003; Jassen, et al., 1999; Jehn, 1995; 陳振嬌, 2009）；②情感因素：包括信任、團隊情商、減少負面情緒等（Yang & Mossholder, 2004; Simons & Peterson, 2000; 馬碩, 等, 2011）；③個人差異因素：包括自我效能等（Ellis, 2006）。

雖然這些情境因素涉及團隊結構、人際情感，內容較為全面，但這些因素更多地是以國外高管團隊為對象進行的研究。中國跨國企業發展迅猛，團隊內部涉及不同的風俗文化，跨文化特徵顯著，能有效刺激信息加工，針對衝突轉化的情境因素可能不盡相同。目前關於中國跨國企業高管團隊衝突現狀的情境因素的研究還比較少。

4. 缺乏情境因素對「團隊衝突—團隊績效」具體調節過程的研究

學者們從團隊結構因素、情感因素、個人差異因素方面尋找不同的情境因素進行研究，並著重研究了這些情境因素對「任務衝突—關係衝突」的調節作用。實證表明，這些情境因素確實能在一定程度上緩和任務衝突與關係衝突的關係，防止任務衝突向關係衝突轉換，最終可以使任務衝突和決策績效的關係朝好的方向發展（Tjosvold & Sun, 2003; Jassen, et al., 1999; Jehn, 1995; Yang & Mossholder, 2004; Simons & Peterson, 2000）。

但是「任務衝突—決策績效」的關係並不僅僅是通過「任務衝突—關係衝突」的關係來實現的，其中還包含著任務衝突與其他過程變量的關係。這些情境因素對「任務衝突—決策績效」的具體調節過程究竟是怎樣的，對任務衝突和其他過程變量的關係是否會有顯著影響，對任務衝突和其他過程變量關係的影響究竟是正面的還是負面的，都有待於進一步的研究。

2.4 本章小結

圍繞研究主題，本研究首先對團隊內部衝突和團隊決策績效的相關理論和國內外學者的主要研究成果進行了梳理，包括團隊衝突的定義、分類、影響因素和產生的影響以及信息加工與決策績效的關係等；然後在文獻梳理的基礎上對相關文獻進行了評述，提出了目前研究中尚待解決的問題。

3　研究思路與模型構建

3.1　研究思路

3.1.1　本研究擬解決的問題

針對第二章中提出的以往研究中有待解決的問題，本研究將著重研究跨國公司高管團隊現場交流過程中團隊任務衝突與團隊決策績效的關係，主要聚集以下研究主題：

1. 將團隊任務衝突對決策績效的雙向影響同時納入研究範疇，深入研究任務衝突與決策績效的關係

本研究將以任務衝突為研究起點，在以往只單方面研究團隊任務衝突對決策績效的正向影響或負向影響的研究範式基礎上，把任務衝突對決策績效的雙向影響都納入研究範疇。這不僅有助於全面瞭解任務衝突在團隊決策過程中產生的作用，探尋任務衝突和決策績效的複雜關係；更重要的是有助於探尋任務衝突對團隊決策績效產生不明確影響的原因，為後續進一步的研究打下基礎。

2. 探尋現場決策過程中任務衝突和決策績效之間的「黑箱」

針對現場決策的特點，本研究將借鑑群體決策理論中的適合於現場溝通的「信息抽樣模型」，選取獨特信息加工作為任務衝突和決策績效的過程變量；同時也依據關係衝突總是任務衝突的「影子」的結論，選取關係衝突作為任務衝突和決策績效的過程變量，建立起「團隊衝突—獨特信息加工—關係衝突—決策績效」模型。這一研究將有助於揭秘團隊決策現場交流過程中任務衝突和團隊決策績效之間的「黑箱」，為團隊衝突「如何」影響團隊決策績效提供了一種新的解釋。

3. 尋找對中國跨國企業高管團隊「任務衝突—決策績效」具有正向調節作用的情境因素

鑒於中國跨國公司的迅猛發展，本研究擬尋找對中國跨國企業高管團隊「任務衝突—決策績效」具有正向調節作用的情境因素。在對以往學者們曾研究過的情境因素以及和「衝突—績效」有著較為緊密關係的情境因素進行梳理的基礎上，考慮到本研究的考察重點是和「人」直接相關的因素，本研究從團隊層面的關係情感角度選出信任、感知團隊氛圍和團隊情商三個變量，從團隊層面的理性認知角度選出求知動機和自我效能感兩個變量作為備選情境變量。本研究以中國境內的高管團隊為研究對象進行問卷調查，通過實證分析從五個備選變量中甄選出在決策過程中能對「任務衝突—決策績效」產生正向調節作用的情境因素。

4. 深入分析情境因素在「任務衝突—決策績效」中的具體調節作用，探尋情境因素作用下任務衝突和決策績效的關係

本研究將深入分析甄選出的情境因素在「任務衝突—關係衝突—獨特信息加工—決策績效」中的具體調節作用，包括對「任務衝突—獨特信息加工」和「任務衝突—關係衝突」兩方面的調節作用。在此基礎上，本研究還將探尋在何種情況下，團隊任務衝突能夠對團隊決策績效產生有價值的正向影響。本研究結果將對目前衝突理論的情境因素研究進行有益的補充。

3.1.2 本研究的研究思路

本研究的研究目標是以跨國公司高層管理團隊為研究對象，探尋現場決策過程中團隊任務衝突和團隊決策績效之間的關係；並研究在何種情況下，團隊任務衝突能夠對團隊決策績效產生有價值的正向影響。

基於此目標，本研究首先以任務衝突為研究起點，構建了適合現場決策過程的「任務衝突—關係衝突—獨特信息加工—決策績效」的概念模型，以探尋任務衝突和決策績效之間的關係。但由於同時將任務衝突對決策績效的雙向影響納入研究範疇，很可能致使任務衝突和決策績效的關係不明確，難以辨清。要使任務衝突與決策績效之間具有明確的關係，而且是高管團隊決策所要求的正向關係，必須引入一定的情境因素。本研究將通過實證分析從備選情境變量中甄選出適合中國跨國企業高管團隊，對「任務衝突—決策績效」具有正向調節作用的情境因素，並由此構建起情境因素作用下「任務衝突—決策績效」的整體概念模型。在整體模型中，本研究將進一步研究情境因素對「任務衝突—決策績效」的具體調節過程，以及任務衝突和決策績效之間的關

係。具體研究思路如圖 3-1 邏輯框圖所示。

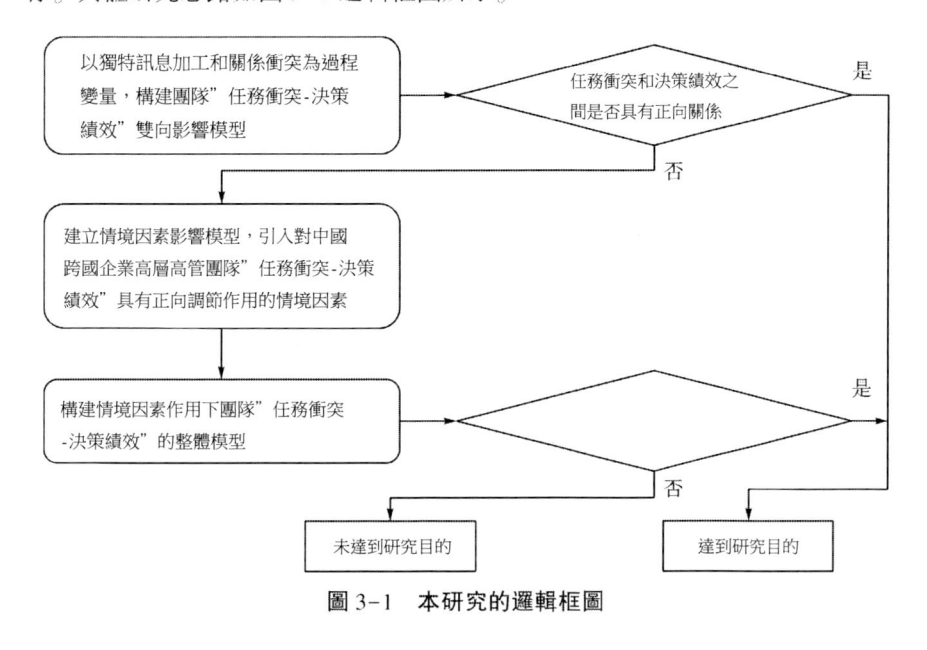

圖 3-1 本研究的邏輯框圖

3.2 團隊「任務衝突—決策績效」雙向影響模型構建

3.2.1 模型構建的目的

本模型構建的目標是針對現場決策過程,研究任務衝突對團隊決策績效的雙向影響及影響機理,並探尋任務衝突和決策績效之間的關係。

3.2.2 模型的構建

1. 前人提出的相關模型構建

前人對團隊衝突和團隊績效的模型構建主要有以下幾種:

(1) 任務衝突和關係衝突處於平行地位的傳統模型。在 Jehn (1994)、Amason 等 (1996) 構建的團隊衝突的傳統模型中,通常把任務衝突和團隊衝突當作是兩個同等地位的變量,在不管另一種衝突的情況下單獨研究一種衝突對團隊績效的影響,並得出相關結論。例如,任務衝突對決策質量、團隊創新、決策承諾等具有正面作用,關係衝突總是對團隊績效、成員滿意度等具有負面作用。中國學者王國峰等 (2007)、陳曉紅等 (2010) 在研究中也採用了

這種傳統模型。如圖 3-2 所示。

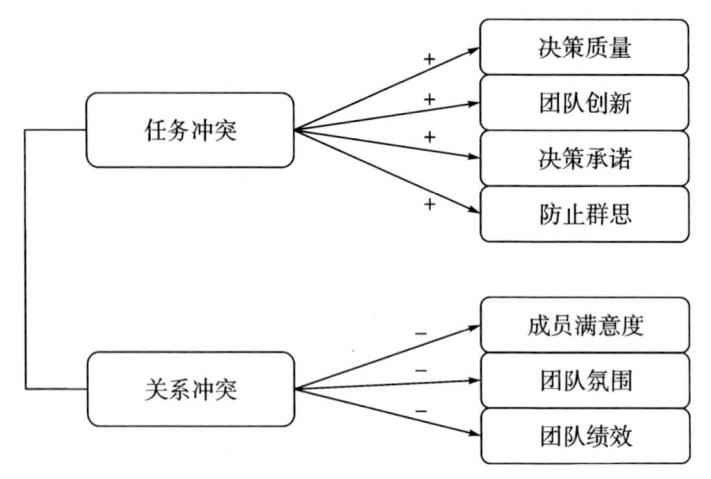

圖 3-2　團隊衝突和團隊績效的傳統模型

在傳統衝突模型的基礎上，學者們又進一步深入研究了「團隊衝突—團隊績效」之間的仲介變量，試圖打開二者之間的「黑箱」。Ellis（2006）、Austin（2003）、汪潔（2009）、陳振嬌（2009）等以團隊交互記憶、任務反思、團隊心智模型等仲介因素，構建了新的傳統模型。如圖 3-3 所示。

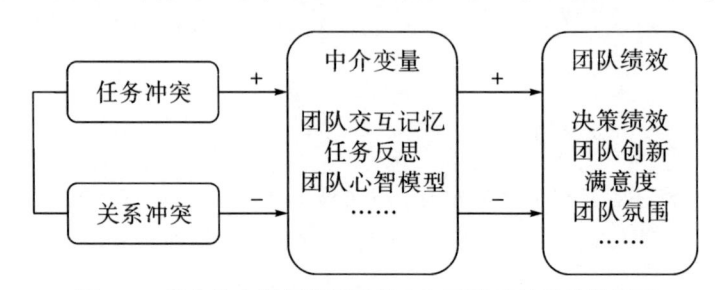

圖 3-3　帶有仲介變量的團隊衝突和團隊績效的傳統模型

（2）把關係衝突當作任務衝突和團隊績效仲介變量的模型。在 Amason 和 Sapienza（1997）、Jehn（1997）的衝突研究中，都曾先後關注過任務衝突和關係衝突的關聯問題。後來 Simons 和 Peterson（2000）在前人的基礎上，明確提出了任務衝突和關係衝突之間存在顯著的正向關係，並對二者存在正相關的原因進行了深入的剖析。這一研究成果得到了較多學者的認同，在後續的衝突研究中也開始把關係衝突當作任務衝突和團隊績效的仲介變量，並建立起相關模型（郎淳剛，席酉民，郭士伊，2007；張宏，2010）。如圖 3-4 所示。

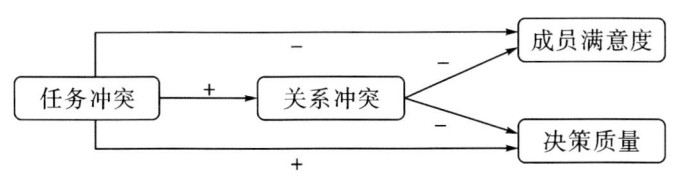

图 3-4　關係衝突作為任務衝突和團隊績效仲介變量的模型

（3）把關係衝突當作任務衝突和團隊績效調節變量的模型。還有的研究主要聚焦任務衝突和團隊績效的關係，迴避了任務衝突和關係衝突的關係，把關係衝突作為任務衝突和團隊績效的調節變量來進行研究（汪潔，2009），認為關係衝突會給任務衝突和團隊績效的關係帶來負面影響（見圖 3-5）。

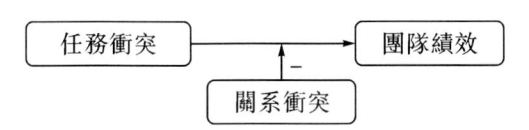

圖 3-5　關係衝突作為任務衝突和團隊績效調節變量的模型

以上三種模型是研究團隊衝突和團隊績效關係的主流模型，但從探究團隊衝突對團隊績效的影響機理來看，都還存在一定的遺憾。第一種傳統模型和第三種把關係衝突作為調節變量的模型都沒有把任務衝突和關係衝突的正相關關係納入研究範疇，忽略了團隊衝突研究很重要的一個內容，致使研究結果比較片面；而第二種把關係衝突作為仲介變量的模型雖然考慮了任務衝突和關係衝突的正相關關係，但這種關係卻使構建的「衝突—績效」模型顯得較為混亂。例如張宏（2010）構建的模型中，首先假設任務衝突與決策質量呈正相關，然後又假設任務衝突會引發關係衝突，關係衝突會導致決策質量的降低；那麼任務衝突到底是能提高決策質量還是降低決策質量，就沒有明確結論，不具有說服力。

2. 本研究的模型構建

在前人構建的相關模型基礎上，本研究針對決策現場交流的特點，以任務衝突為研究起點，把任務衝突對決策績效的雙向影響都納入研究範疇，構建起以關係衝突和獨特信息加工為過程變量的「任務衝突—決策績效」的雙向影響模型。如圖 3-6 所示。

該模型中，任務衝突一方面可能刺激獨特信息加工對決策績效產生正面影響，但另一方面也可能引發關係衝突對決策績效產生負面影響。任務衝突對決策績效的雙向影響相互較量，可能致使任務衝突對決策績效的影響錯綜複雜、

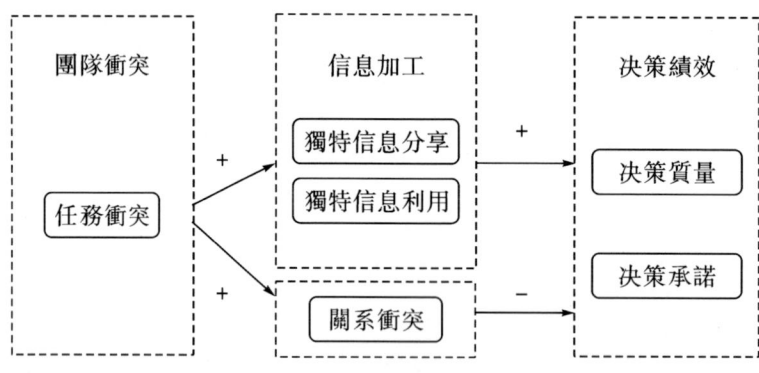

圖 3-6　團隊「任務衝突—決策績效」的雙向影響模型

難以辨明。

該模型將著重研究：①任務衝突對獨特信息加工的影響；②獨特信息加工對決策績效的影響；③任務衝突和關係衝突的關係；④關係衝突對決策績效的影響。深入分析這四重關係，有助於探尋現場決策過程中任務衝突對團隊決策績效的影響機理；有助於探尋任務衝突和決策績效之間的複雜關係。

3.3　情境因素影響模型的構建

3.3.1　模型構建的目的

任務衝突這把「雙刃劍」對團隊決策績效存在著兩種相互矛盾的影響，使得任務衝突和團隊決策績效之間的關係難以探明、錯綜複雜；二者的關係可能呈現出正相關關係、負相關關係、沒有顯著相關關係這三種狀態之一。在這種情況下，僅僅是孤立地探討任務衝突的正負面作用沒有太大的意義。要想釐清任務衝突和決策績效之間的關係並使二者之間呈現出所需的正向關係，關鍵在於盡可能地發揮任務衝突的正面作用，而避免其負面作用。而要達到此目的，引入合適的情境變量是較為可行的方法。

本模型構建的目標就是從前人研究過的情境因素以及和「衝突—績效」有著緊密關係的情境因素中，甄選出適合中國跨國企業高管團隊，能在決策過程中對「任務衝突—決策績效」產生顯著正向調節作用的情境因素，即當任務衝突和決策績效呈正相關關係時，情境因素可以增強二者的正相關關係；當任務衝突和決策績效呈負相關關係時，情境因素可以減弱二者的負相關關係；

當任務衝突和決策績效沒有顯著關係時，情境因素可以促使二者向正相關關係發展。

3.3.2 模型的構建

在對以往學者們曾研究過的情境因素以及和「衝突—績效」有著較為緊密關係的情境因素進行梳理的基礎上，考慮到本研究的考察重點是和「人」直接相關的因素，本研究從團隊層面的關係情感角度選出信任、感知團隊氛圍和團隊情商三個變量，從團隊層面的理性認知角度選出求知動機和自我效能感兩個變量作為備選情境變量。本研究對中國境內的高管團隊進行問卷調查，試圖通過實證分析找出能對「任務衝突—決策績效」的關係產生顯著正向調節作用的情境因素。

任務衝突對決策績效的雙向影響致使二者的關係存在三種可能性：正相關關係、負相關關係和沒有顯著關係。因此本研究構建了三種情境因素影響概念模型（見圖3-7）：①當任務衝突和決策績效呈正相關關係時，情境因素要能夠增強二者的正相關關係；②當任務衝突和決策績效呈負相關關係時，情素要能夠減弱二者的負相關關係；③當任務衝突和決策績效沒有顯著關係時，情境因素要能夠促使二者向正相關關係發展。

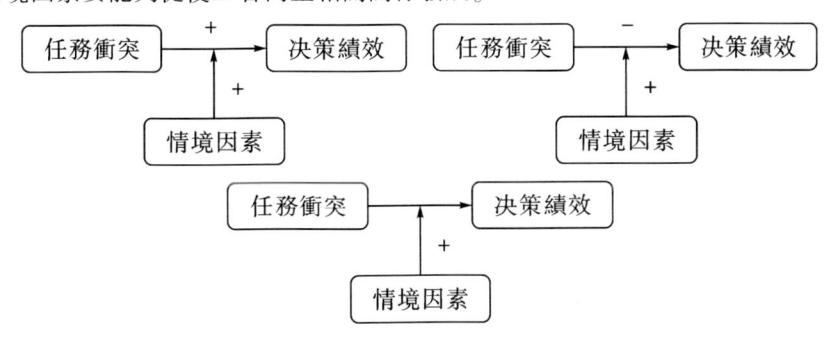

圖 3-7　情境因素影響模型

該模型以中國跨國企業高管團隊為研究對象，分析了不同情境因素對「任務衝突—決策績效」的調節作用，旨在從多個備選情境因素中甄選出最適合中國跨國企業高管團隊，能對「任務衝突—決策績效」產生顯著正向調節作用的情境因素。

3.4 情境因素作用下「任務衝突—決策績效」整體模型的構建

3.4.1 模型構建的目的

本模型的構建目標是研究甄選出的情境因素對「任務衝突—決策績效」的具體調節過程；並探尋在情境因素作用下任務衝突和決策績效之間的關係。

3.4.2 模型的構建

在研究團隊「任務衝突—決策績效」雙向影響模型和甄選情境因素模型的基礎上，本研究構建起情境因素下的「任務衝突—關係衝突—獨特信息加工—決策績效」整體模型，進一步研究情境因素對「任務衝突—決策績效」的具體調節過程，包括情境因素對「任務衝突—獨特信息加工」和「任務衝突—關係衝突」兩方面的調節過程；以及情境因素作用下任務衝突和決策績效之間的關係。模型如圖3-8所示。

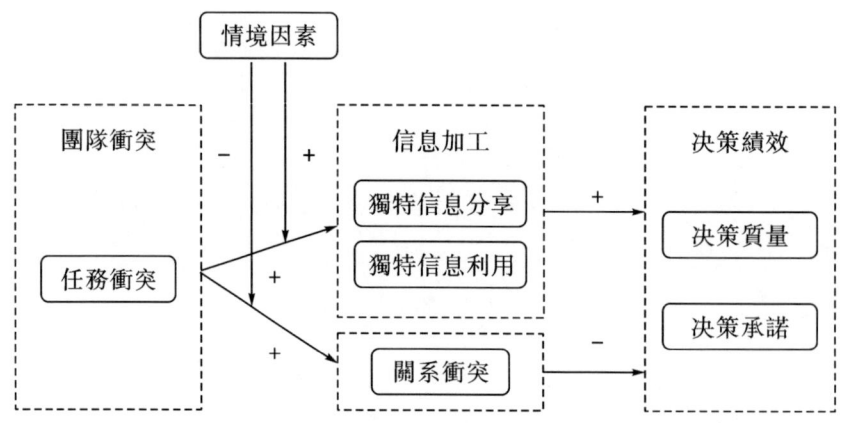

圖3-8 情境因素作用下團隊「任務衝突—決策績效」整體模型

綜述：本研究首先以任務衝突為研究起點，將任務衝突對決策績效的雙向影響納入研究範疇，構建了適合現場決策過程的「任務衝突—關係衝突—獨特信息加工—決策績效」概念模型，以探尋任務衝突和決策績效之間的關係。但由於任務衝突對決策績效的雙向影響同時存在，很可能致使任務衝突和決策績效的關係不明確，難以辨清。要使任務衝突與決策績效之間具有明確的關

係，而且是高管團隊決策所要求的正向關係，必須引入一定的情境因素。

本研究建立了第二個情境因素影響模型，通過實證分析從備選變量中甄選出對中國高管團隊「任務衝突—決策績效」具有有利調節作用的情境因素。

本研究在引入甄選出的情境因素的基礎上，再次構建起情境因素作用下「任務衝突—決策績效」的整體概念模型。在整體模型中，本研究進一步研究情境因素對「任務衝突—決策績效」的具體調節過程，以及經過情境因素的調節作用後任務衝突和決策績效之間的關係。

3.5 本章小結

本章在探尋衝突、決策領域尚待解決問題的基礎上，明確了本研究所要研究的問題，並提出了相應的研究思路。本研究為達到研究目的，共構建了三個具有內在邏輯關係的模型：首先構建現場決策過程中團隊「任務衝突—決策績效」的雙向影響模型，再構建情境因素影響模型以甄選適合中國跨國企業高管團隊衝突現狀的情境變量，最後在這兩個模型的基礎上構建起情境變量下團隊「任務衝突—決策績效」的整體模型。

上述三個模型的驗證就分別在第四、五、六章展開。

4 團隊「任務衝突—決策績效」雙向影響模型的實驗研究

本章將採用行為模擬實驗的方法，全面探討跨國企業高管團隊現場決策過程中任務衝突對決策績效的影響機制以及二者的關係。

根據現場決策過程的特點，本研究選取獨特信息加工和關係衝突作為任務衝突和決策績效之間的過程變量，把任務衝突對決策績效兩種相互矛盾的影響都納入研究範疇，全面分析任務衝突對決策績效的影響機理，建立起「團隊任務衝突—獨特信息加工—關係衝突—決策績效」模型（見圖3-6）。

在驗證該模型的過程中，本章將具體探討：①任務衝突對獨特信息加工的影響；②獨特信息加工對決策績效的影響；③任務衝突和關係衝突的關係；④關系衝突對決策績效的影響。

4.1 模型中的基本概念界定

本研究對模型中涉及的基本概念進行了如下界定：

1. 團隊任務衝突

結合現場決策的特點，本研究對任務衝突定義採納了 Ellzabeth V. Hobman 等（2002）的觀點，認為任務衝突是對別人提出的任務解決方案的不同意見或直接拒絕別人提出的任務解決方案，但其中必須包含對任務內容有貢獻的建議。任務衝突是基於團隊任務的，必須是和任務內容相關的不同意見。

2. 團隊關係衝突

關係衝突是任務衝突的「影子」，它總是尾隨任務衝突而發生（Jehn, 1997; Simons & Peterson, 2000; Devine, 1999）。結合現場決策的特點，本研究對關係衝突的定義仍然採納了 Ellzabeth V. Hobman 等（2002）的觀點，認為關係衝突就是做出負面的人際關係評價。關係衝突是基於團隊人際關係的，體現為人際關係的

緊張、相互嫉妒、爭吵或者迴避。

3. 獨特信息分享

在信息取樣模型中，信息被劃分為共享信息和非共享信息。其中，非共享信息也就是獨特信息，是指每個成員單獨擁有的不為其他成員所知的信息。

本研究採納了 Phillips、Mannix、Neale、Gruenfeld（2004）和 Scholten、Knippenberg、Nijstad、De Dreu（2007）對獨特信息分享的定義，認為獨特信息分享是指在決策過程中，成員把自己掌握的不被其他成員所知的信息拿出來和大家分享，表示有多少獨特信息被提及。

4. 獨特信息利用

本研究採納了 Phillips、Mannix、Neale、Gruenfeld（2004）和 Scholten、Knippenberg、Nijstad、De Dreu（2007）對獨特信息利用的定義，認為獨特信息利用是指團隊成員對某一被提及的獨特信息感興趣，對該信息進行反覆討論並進行集成加工，表示對被提及的獨特信息的重視度和加工度。

5. 決策質量

決策質量是指一個決策對達成組織目標的貢獻。決策質量越高，對組織目標的實現越有利。從客觀角度分析，決策質量的高低可以通過量化的標準來進行判斷，例如和最佳答案相比較，或者盈利高低等。

6. 決策承諾

決策承諾是指團隊成員對決策的認可度和支持度，直接關係到決策執行過程中與其他成員的合作關係（Dooley & Fryell, 1999）。成員對決策的承諾越高，就表明決策在執行過程中會遇到的麻煩越少，對組織績效越有利。

4.2 研究假設推導

依據本研究的研究內容和目的，本研究通過理論層面的分析和邏輯推理形成能夠表達現象間關係的研究假設以待驗證。

4.2.1 獨特信息加工與決策績效的關係

在當今這個信息時代，團隊決策需要面臨紛繁複雜的各類信息。團隊實際成為了一個信息加工者，而團隊決策也成為了一個信息加工過程（Saunders & Miranda, 1998）。團隊作為信息加工者的觀點有一個核心假設，就是團隊決策過程中信息分享的數量和質量會對團隊決策績效起到決定性的作用（Hinsz, et al.，1997）。圍繞這個核心假設，學者們對信息分享、加工和團隊決策績效展開了豐富的研究，先後出現了社會決策圖式（Social Decision Scheme，SDS）、信息取樣模式（Information Samplig Model）、多層次團隊決策理論（Multilevel Theroy of Team Decision Making）等多種團隊決策模型。雖然這些模型研究的內容和側重點均有所不同，但都認為信息分享、加工的程度與團隊決策質量成正相關關係。

在信息取樣模型中，信息被分為了共享信息和非共享信息。共享信息是指被全體團隊成員掌握的信息；而非共享信息即獨特信息，是指被個別成員掌握的、不為其他成員知曉的信息。在 Stasser 的模型中有一個隱藏的假設，即只有所有信息都被綜合考慮後才能做出高質量的決策；這也意味著挖掘的獨特信息越多，團隊的決策質量也就越高。

這一假設也得到了眾多的學者的證實。Larson 等（1998）和 Stewart、Billings、Stasser（1998）從獨特信息分享時間占團隊討論時間的比例、獨特信息數量在討論信息數量中所占比例、去掉重複率後獨特信息數量在討論信息數量中所占比例等角度，都證明了在團隊討論中獨特信息分享、利用與決策質量具有正向關係。Lu 等（2012）對 21 個研究進行元分析，也同樣認為不管是獨特信息被提及的次數還是獨特信息被討論的次數都與決策質量呈正相關。

成員將各自擁有的獨特信息在團隊中分享，並共同對獨特信息進行反覆的討論，可以促使成員對任務背景、內容、目標有更深入的瞭解，不僅有利於決策質量的提高，也有利於增強成員對該決策的承諾。成員有機會說出自己的觀點並和大家共同討論這些觀點，會增強他們的「主人翁」意識；對於自己積極參與討論而最終得出的決策，成員們的支持度和認可度會大大提高，這不僅有利於成員對最終決策的執行，也能提高成員對團隊的情感接受性（Simons & Peterson, 2000; Greenberg & Folger, 1983; Lind & Tyler, 1988）。

因此，基於已有研究及上述分析，本研究提出獨特信息加工和團隊決策績效關係的如下假設：

H1：獨特信息加工與團隊決策績效呈正相關關係。

H1a：獨特信息分享越多，團隊決策質量越高。

H1b：獨特信息分享越多，團隊決策承諾越高。

H1c：獨特信息利用越多，團隊決策質量越高。

H1d：獨特信息利用越多，團隊決策承諾越高。

4.2.2　任務衝突和獨特信息加工的關係

任務衝突是指決策過程中對別人提出的任務解決方案有不同意見或直接拒

絕，但其中必須包含對任務內容有貢獻的建議（Ellzabeth V. Hobman, et al., 2002；Amason, 1996；Priem & Price, 1991）。大多數學者都認為任務衝突有利於團隊成員交換不同背景的知識和工作信息，可以激發新的觀點，促進創新觀點的發展（Jehn, 1995；De Dreu, 2006）。團隊成員經常探討團隊任務，交流彼此對任務相關內容的不同見解，有助於在團隊內部建立起以任務為導向的工作環境。在良好的工作氛圍中，成員們對立的觀點可以促使相關分歧問題得到團隊所有成員的及時關注和重視，有助於明確問題所在並增強成員解決問題的意識，促使成員進一步交換不同的意見、觀點、想法等（De Dreu, 2006；Janssen, Van de Vliert & Veenstra, 1999）。

團隊任務衝突會帶來「對立的」意見，而對不同意見的表述和討論可以實現較高水平的信息交換和分享。Tjosvold（1985）認為任務衝突可以激發大家說出不同的意見，而面對反對意見，成員為了證明自己的觀點，必須列舉更具說服力的證據，這就引起成員對援引的獨特信息的足夠重視，並增加了整個團隊對獨特信息的討論機會，所以任務衝突具有提高獨特信息分享和利用的潛力。多名學者引入「辯證探尋法」和「吹毛求疵法」，強制要求成員對決策方案進行相互質疑而引發團隊任務衝突，結果發現這些方法在刺激團隊的任務衝突的同時，的確起到了促使成員去挖掘、討論、分析決策背後隱藏信息的作用（Chanin & Shapiro, 1984, Schweiger, Sandberg & Ragan, 1986；Schwenk & Cosier, 1993）。

因此，基於已有研究及上述分析，本研究提出任務衝突和獨特信息加工關係的如下假設：

H2：任務衝突和獨特信息加工呈正相關關係。

H2a：任務衝突強度越大，獨特信息分享越多。

H2b：任務衝突強度越大，獨特信息利用越多。

4.2.3 任務衝突和關係衝突的關係

越來越多的學者在衝突研究中發現，在團隊互動過程中很難把理性和情感完全割裂開來，因而關係衝突總是尾隨著任務衝突而出現的（Simon & Peter, 2000；De Dreu & Weingart, 2003）。

經過學者們的研究，認為任務衝突通常是因為一系列的錯誤歸因而引發關係衝突的，而這種錯誤歸因至少表現在以下三方面：①根據 Heider（1958）的歸因理論，人們通常會將成功歸功為自己的能力，而將失敗歸因為外部因素所致。在團隊討論中，當成員的想法或觀點被他人否定時，他們通常會心有不

甘，會認為「別人否定自己」是因為他人的惡意攻擊或自私意圖等外因所致，而不是因為自己的想法不可行（Jehn，1997；Amason，1996；Eisenhardt & Bourgeois，1988）。②在團隊討論中，成員經常會評判別人的「反對意見」是源於內因還是外因，並評估別人意見的完整性和精確性。當他們判別人的反對意見中存在著人身攻擊或隱藏的意圖時（Amason，1996；Eisenhardt & Bourgeois，1988），任務衝突就會通過有偏見的信息加工（Biased Information Processing）和自我實現的預言（Self-fulfilling Prophecy）引起成員之間情感上的衝突。③模糊的衝突行為通常會被團隊成員按照自己對團隊或個人的預期來進行理解。當成員之間缺乏信任，成員就會將含糊不清的衝突行為理解為是有惡意的意圖，並通過自己的行為傳遞這種不信任。當其他被誤認為有惡意意圖的成員感受到這種不信任時，也會回報以不信任（Creed & Miles，1996；Zand，1972）。這樣就形成了一個惡性循環，引發了成員之間感情上的衝突。正是基於這三方面的錯誤歸因，使得關係衝突總是成為任務衝突的「影子」（Jehn，1997；Simons & Peterson，2000），二者總是會按照一定的順序先後出現。

任務衝突和關係衝突之間存在著顯著的正相關關係，這通過多位學者的實證研究結果得到了證明。Amason（1996）對任務衝突和關係衝突進行實證分析後，得出二者的相關係數為 $r=0.39$（$P<0.05$）。O'Reilly、Williams、Barsade（1998）通過實證，得出任務衝突和關係衝突的相關係數高達 $r=0.88$（$P<0.01$）。

因此，基於已有研究及上述分析，本研究提出團隊任務衝突和關係衝突的假設，即 H3：任務衝突和關係衝突呈顯著的正相關關係。

4.2.4 關係衝突和決策績效的關係

關係衝突總是產生負面影響，它可能引發團隊成員憤怒、緊張、焦慮、壓力、挫折感等負面情緒，從而造成其工作滿意度降低、動力不足和工作績效下降（Jehn，1995；Amason，1996；Porter & Lilly，1996）。Jehn（1995）和 Amason（1996）的研究都表明，關係衝突總是會破壞團隊績效，對團隊的認同感、團隊成員的情感接受和滿意度都有消極、負面的影響。總而言之，到目前為止，無論是個體層面還是團隊層面的實證研究都一直認為關係衝突是具有負面作用的（Pelled，et al.，1999），沒有任何一項實證調查結果顯示關係衝突會產生任何正向的影響。

關係衝突作為任務衝突的「影子」，總是在任務衝突發生之後的一定時間內才出現的，所以關係衝突的負面影響也是在決策討論到中間段的時候才會出

現（Devine, 1999）。關係衝突對決策績效的負面影響主要體現在：①關係衝突引發的憤怒、緊張、懷疑、焦慮等負面情緒會迫使成員花大量時間去處理人際關係矛盾，而置與任務緊密相關的獨特信息於不顧，針對任務的深層次信息加工活動在較大程度上受到抑制（Jehn & Mannix, 2001）；②關係衝突引發的憤怒、緊張等負面情緒會影響團隊成員對任務的理性判斷，削弱他們的認知能力；③關係衝突引發的懷疑、緊張等負面情緒會導致成員認為他人的行為都帶有不良企圖，致使成員之間的矛盾和對立加深，阻礙團隊決策的達成。總而言之，當團隊關係衝突增強時，團隊的決策質量會明顯下降（Jehn, 1997; Dooley & Fryxell, 1999）。

關係衝突引發的負面情緒讓成員彼此之間變得相互猜疑、不信任。在這種緊張、焦慮的氣氛中，成員無心再去探究任務的內容、目標，參與積極性受到極大影響。即使最終達成一致決策，成員心裡對決策的認可度和支持度也會大打折扣。關係衝突的存在會造成決策承諾的降低（Simons & Peterson, 2000; De Dreu & Weingart, 2003）。

因此，基於已有研究及上述分析，本研究提出關係衝突和決策績效的如下假設：

H4：關係衝突與團隊決策績效呈負相關關係。
H4a：關係衝突強度越大，團隊決策質量越低。
H4b：關係衝突強度越大，團隊決策承諾越低。

4.2.5 假設匯總

本研究在梳理和分析團隊任務衝突影響相關理論的基礎上，針對決策現場交流的特點，以任務衝突為研究起點，構建了以關係衝突和獨特信息加工為仲介環節的「任務衝突—關係衝突—決策績效」理論模型，深入分析了任務衝突對決策績效的雙向影響機理，探尋了任務衝突和決策績效之間的關係；最終形成了9個假設（見表4-1），包括5個驗證性假設和4個開拓性假設。理論模型及假設如圖4-1所示。

表 4-1　　　　　　　　　　　研究假設匯總表

序號		假設	假設類型
H1	H1a	獨特信息分享越多，團隊決策質量越高	驗證性假設
	H1b	獨特信息分享越多，團隊決策承諾越高	開拓性假設
	H1c	獨特信息利用越多，團隊決策質量越高	驗證性假設
	H1d	獨特信息利用越多，團隊決策承諾越高	開拓性假設
H2	H2a	任務衝突強度越大，獨特信息分享越多	開拓性假設
	H2b	任務衝突強度越大，獨特信息利用越多	開拓性假設
H3		任務衝突與關係衝突呈顯著正相關關係	驗證性假設
H4	H4a	關係衝突強度越大，團隊決策質量越低	驗證性假設
	H4b	關係衝突強度越大，團隊決策承諾越低	驗證性假設

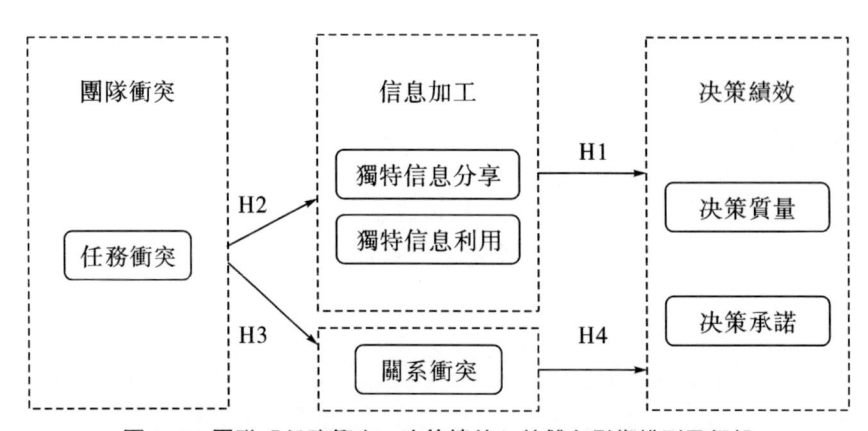

圖 4-1　團隊「任務衝突—決策績效」的雙向影響模型及假設

　　驗證性假設是指在某一領域的研究中，已經進行過相關理論分析並用實證數據驗證過的假設。本研究將在文章中再次對這些假設進行驗證。開拓性假設是指在某一領域還沒進行相關理論分析的，或者有相關理論分析但缺乏實證數據驗證的假設關係。本研究將對這些假設進行經驗數據的證實和驗證。

　　在待檢驗假設的匯總歸類表中，獨特信息加工和決策質量之間的關係、任務衝突與關係衝突的關係、關係衝突和決策績效的關係等，在已有的相關研究中都得到了較多的探討，並在不同的研究中得到了經驗數據驗證。因此 H1a、H1c、H3、H4a、H4b 都屬於驗證性假設。

　　雖然關於獨特信息加工和決策質量的研究較多，但關於獨特信息加工和決

策承諾之間關係的研究卻很少，因此 H1b、H1d 屬於開拓性假設。針對決策現狀交流的特點，本研究選擇了獨特信息加工作為任務衝突和決策績效之間的仲介環節，這在以往的研究中是沒有的。因而，任務衝突和獨特信息加工的相關假設 H2 都屬於開拓性假設。其中，用任務衝突去刺激獨特信息加工在以往的相關研究中曾經被提到過，但僅限於理論層面，沒有開展過相應的實證分析。

4.3 實驗設計

本研究以任務衝突為自變量設計了相關行為實驗，取得團隊任務衝突、關係衝突、獨特信息加工和決策績效等的相關數據，以完成對上述理論模型和假設的實驗檢驗和驗證。

4.3.1 被試的選擇

為了模擬跨國企業中的跨文化團隊，本研究通過招募的方式選取了我校 80 名三年級本科生（必須已通過英語 4 級考試，具有一定的英語交流能力）和 40 名留學生（留學生來自不同國家，年齡都在 20 歲左右，都能進行簡單的中文交流和熟練的英文交流）。120 名被試按照每組 3 人、每組有且只有一名留學生的條件隨機分配，組合為 40 個跨文化團隊。為避免受性別的影響，這些學生都被隨機地按照 2 男 1 女或 2 女 1 男進行分配。

4.3.2 實驗任務

鑒於被試均為大學在校學生，不具備實際工作經驗和經營能力，因此本次實驗任務決定採用和戰略決策相似程度較高的求生類任務。求生類任務通常也是非常規的，需要的信息量大、不確定因素較多，又關係人員生死。

實驗任務是：假定在一月中旬某天的上午 11 點 32 分，團隊成員乘坐的旅行小飛機在北明尼蘇達州（美國）和南馬尼托巴湖（加拿大）的森林裡緊急降落。降落時飛機毀壞嚴重，飛機駕駛員和副駕駛員全部死亡，但團隊成員都只受了輕傷。當大家逃離飛機時，一共搶救出 15 樣物品。要求每個團隊成員根據自己掌握的信息，經過共同討論，確定出一套最佳的求生方案，並對 15 件物品按其在求生過程中的重要性進行排序，最重要的排「1」，其次排「2」，最不重要的排「15」（最佳求生方案和 15 種物品的排序密切相關）。

4.3.3 實驗操控

實驗中需要操控的變量為自變量任務衝突。為了區分自變量任務衝突的激烈程度，本研究引入了辯證探尋法（Dialectical Inquiry）來刺激團隊中的任務衝突。該方法在前人的實驗中多次使用並被證明是有效的（Chanin & Shapiro, 1984；Schweiger, Sandberg & Ragan, 1986）。辯證探尋法要求在討論過程中，兩名被試必須根據自己獲得的不同資料明確自己的觀點並進行詳細地闡述，而且要對對手的觀點進行逐一地反駁；剩餘的另一名被試則被要求聆聽二人的不同觀點，最終提出自己的意見。

把40個團隊的被試隨機分為高任務衝突組和對照組，每組包含20個三人團隊。對照組的成員進行自由地討論；而在高任務衝突組則引入辯證探尋法以引發團隊中的任務衝突。

4.3.4 實驗流程

1. 實驗前階段（10分鐘）

被試按照A、B組被分別安排在2間大教室裡，每個被試都會看到實驗說明書（中英文版本），包括團隊任務、實驗步驟，以及隨後參加實驗的時間安排和地點等，在其中一間教室的B組被試還會觀看一個關於介紹辯證探尋法的短片。

2. 個人準備階段（20分鐘）

被試按規定的時間和地點進入小測試室，進入三人團隊環節。三位被試的面前都放有一個信息包（中英文版本），包括具體實驗任務和提供給每位被試的相關信息。被試需要仔細閱讀信息包中的信息，並為團隊討論做準備，但不得相互交流。

為了模擬戰略決策團隊每個團員掌握的信息、知識不同的狀況，給予每個被試的信息都不盡相同，其中約33%的信息是共享信息（即所有被試都擁有的信息），而其餘信息則是獨特信息（即只有某個被試所擁有的信息）。共享信息和獨特信息的比例參照了Stasser（1992）、Denni J. Devine（1999）、Lotte Scholten等（2007）和朱華燕（1999）等同類實驗中所採用的比例。只有當所有信息都綜合在一起，團隊才有可能做出高質量的決策。其中，每個團隊中會有一名被試獲得的獨特信息會支持他提出「原地等待救援」的求生方案，而另一被試獲得的獨特信息會支持他提出「主動尋找救援」的求生方案。

3. 團隊討論階段（約40分鐘）

在收回相關信息材料後，三名被試按規定盡可能地用中文展開交流（英文作為輔助），最後必須達成一致意見，並完成選擇方案、物品排序和相關問卷調查（中英文版本）的填寫。為了便於後期的數據統計，該階段將被錄像。

4.3.5 模型中各變量在實驗中的測量標準

1. 團隊任務衝突的測量標準

為了更客觀地反應任務衝突的強度，本研究採用計量討論中任務衝突出現的次數來衡量任務衝突的強度。一次任務衝突的定義規則為：口頭上就別人對任務內容的提議表達一次不同的意見，但必須包含有貢獻的信息或建議；或者口頭上就別人對任務內容的提議直接拒絕，但同時必須提出有貢獻的信息或建議。有貢獻的信息是不被其他人所知的信息；有貢獻的建議是任務的新的解決方案，或是對完成任務產生的新的想法。

由經過培訓的兩名評定者觀看團隊討論錄像片段，對討論過程中出現的任務衝突的次數進行分別記錄並加總。評定者對於計數的目的並不清楚。

2. 團隊關係衝突的測量標準

為了更客觀地反應關係衝突的強度，本研究採用計量討論中關係衝突出現的次數來衡量任務衝突的強度。一次關係衝突的定義規則為：帶有人身攻擊性語言，或帶有蔑視性質的語言，或粗魯的語言。

由經過培訓的兩名評定者觀看團隊討論錄像片段，對討論過程中出現的關係衝突的次數進行分別記錄並加總。評定者對於計數的目的並不清楚。

3. 獨特信息分享的測量標準

獨特信息分享的程度是由獨特信息的提及率來衡量的。具體是用討論過程中至少被提及一次的獨特信息數量除以所有的獨特信息數量，表明究竟有多少比例的獨特信息被提及。提及率越高，意味著獨特信息分享的程度越高。

獨特信息分享的測量由經過培訓的統計者通過觀看團隊討論錄像，對照手中的獨特信息資料，將討論過程中出現的獨特信息的次數進行記錄並加總而來的。評定者對於計數的目的並不清楚。

4. 獨特信息利用的測量標準

獨特信息利用的程度是用獨特信息的重複率來衡量（Larson，Christensen，Franz & Abbott，1998），具體是用討論過程中獨特信息的重複次數除以至少被提及一次的獨特信息的數量，表明獨特信息被利用加工的比率。例如，如果一個團隊在討論中提到了10條獨特信息，而這些信息被重複了20次，則獨特信

息的重複率為 2.0。重複率越高，意味著獨特信息被利用的程度越高。

獨特信息利用的測量由經過培訓的統計者通過觀看團隊討論錄像，對照手中的獨特信息資料，將討論過程中出現的獨特信息的次數進行記錄、加總，並通過計算而來。評定者對於計數的目的並不清楚。

5. 決策質量的測量標準

本實驗中的決策質量採用客觀方法測量，由每個團隊對 15 樣物品的排序與正確排序相比較而得出。每個團隊對 15 種物品按其在求生過程中的重要程度進行排序，最重要的放在第一位，次要的放在第二位，以此類推，直至排至相對最不重要的第 15 種（見附錄研究一全套資料中的第二項）。對 15 種物品的正確排序是基於 Mark Wanig 和 Rulstrum（1978）提供的信息而做出的（Mark Wanig 在美國第 101 師的偵查學校擔任了 3 年生存訓練的教官，而後在 Twin City 學院擔任了 4 年野外生存教官，擁有豐富的野外生存經驗）。

將每個團隊對某種物品的排序號與此種物品的正確排序號相減，得出一項差值，再將 15 項差值加總；加總值越少，說明該團隊的選擇與正確排序的差異越小，則證明團隊的決策質量越高。

6. 決策承諾的測量標準

本研究對決策承諾的測量採用量表的方式，測量量表是在 Wooldridge 和 Folyd（1990）開發的量表基礎上結合本研究目標加以修改而得，採用 5 點刻度，「1」表示程度很低，「5」表示程度很高。題項共有 4 個，如表 4-2 所示。

表 4-2　　　　　　　　團隊決策承諾（DMC）的測量

編號	題項	來源
DMC1	您個人對最終成為決策的方案非常支持	Wooldridge & Folyd（1990）
DMC2	最終決策和您個人的偏好非常一致	
DMC3	您非常相信最終決策會提高整個組織的績效	
DMC4	您非常關注和在意最終決策能否取得成功	

4.4　量表信度效度分析以及數據聚合

4.4.1　量表的信度效度分析

信度（Reliability）是指對同一對象進行重複測量時，所得結果的一致程

度。信度是對量表的一致性或穩定性的衡量,也是構建效度的必要條件。效度(Validity)是指量表測量的有效性程度,即量表的準確性和有用性(劉軍,2008)。為確保調查問卷的準確性和統計分析結論的科學性,本研究採用 SPSS19.0 軟件和 AMOS17.0 軟件對問卷的信度和效度進行分析。

1. 信度分析

鑒於本研究使用的量表中各題項反應的都是同一獨立概念的不同側面,相關性較高,因此採用內部一致性信度方法來進行信度分析。Cronbach's α 係數越大表示題項之間的相關性越好。一般而言,Cronbach's α 值應至少達到 0.7 (Nunnally,1994),Cronbach's α 值大於 0.8 表示內部一致性極好。為了對各變量的測量題項進行淨化,本研究剔除了信度較低的題項,還使用了糾正條款的總相關係數(簡稱 CITC)淨化測量條款,採用 CITC 值大於 0.3 作為淨化測量題項的標準。

如表 4-3 所示,決策承諾的所有測量題項的 CITC 值均大於 0.6,超過了 0.3 的標準;Alpha if Item Deleted 值也表明在決策承諾量表中,刪減任何題項,量表的 Cronbach's α 值都不會有明顯改變。最終決策承諾整體測量表的 Cronbach's α 為 0.873,表明該測量量表信度良好。

表 4-3　決策承諾(DMC)的 CITC 分析和信度檢驗

Item	CITC	Alpha if Item Deleted	Cronbach's α
DMC1	0.673	0.893	0.873
DMC2	0.711	0.910	
DMC3	0.749	0.854	
DMC4	0.692	0.857	

2. 效度分析

對各變量相關題項的效度評估以及對測量模型的適配度進行檢驗,本研究主要採用驗證性因子分析法(CFA)。衡量指標主要包括絕對擬合優度指標(χ^2/df 和 RMSEA)和相對擬合優度指標(NFI、IFI、CFI)。

關於 χ^2/df,有的學者認為應小於 3(陳正昌,等,2005),有的學者認為應小於 2(郭志剛,2004)。本研究以不超過 3 作為標準,認為 χ^2/df 越小,樣本數據與模型擬合得越好。關於 RMSEA,Steiger(1990)指出 RMSEA 低於 0.1 表示是好的擬合,低於 0.05 表示是非常好的擬合,低於 0.01 意味著是非常出色的擬合。黃芳銘(2005)認為 RMSEA 小於 0.05 為「良好適配」,0.05

~0.08 為「不錯的適配」，0.08~0.10 為「中度適配」，大於 0.10 則為「不良適配」。本研究以 0.10 為最高限值，認為 RMSEA 越小，樣本數據與模型擬合得越好。關於 NFI、IFI、CFI，一般取值範圍介於 0 與 1 之間，值越大表示模型適配越好。通常 NFI、IFI、CFI 取值超過 0.90，就意味著假設模型擬合良好（溫忠麟，等，2004；黃芳銘，2005）。本研究以 0.90 為最低限值，認為超過 0.90，樣本數據與模型擬合得較好。

決策承諾量表的絕對擬合指數 $\chi^2/df = 2.611 < 3$，在可接受的的界值範圍內；RMSEA = 0.068，介於 0.05~0.08 之間，為「不錯的適配」；而相對擬合指標 NFI = 0.942，IFI = 0.934，CFI = 0.927，均大於 0.9。因此可以認為，該量表具有較好的效度。

4.4.2 數據聚合

本研究是基於團隊層面提出的理論模型，因此理論模型的分析假設需要通過團隊層面的數據加以驗證。而團隊層面變量的測量是通過對團隊成員個體數據的加總整合而得，用個體測量值的均值來代替團隊測量值進行團隊層面的數據分析。

但從個體數據整合成團隊層面數據的過程中存在一個問題，即團隊成員的個體數據能否整合成為有效的團隊層面數據。這就必須對個體層面數據加總的有效性進行檢驗。只有在滿足「團隊成員對於團隊現象的評分具有高度相似性，團隊之間對團隊現象的評分存在顯著差異」的前提下，個體層面的數據才能整合為有效的團隊層面數據。

本研究採用組內一致性指標 Rwg 和組間差異性指標 ICC 來判斷數據整合加總的合理性。Rwg 是評價者評分方差的均值和期望方差之比，主要用來考察組內兩個或更多個體（評價者）在一個或多個項目上評分的一致性程度（James, Demaree & Wolf, 1984）。Rwg 具體公式如式（4.1）所示（James, et al., 1983），該指標取值區間為（0, 1），越接近 1 表示組內的評分越趨同。一般認為 Rwg 取值在 0.70 及以上是可以被接受的，即認為團隊內部的評分是趨同的，個人層面至團隊成員層面的數據加總是可以被接受的（Bliese, 2000; Lewis, 2003）。ICC（1）、ICC（2）主要是對多個組進行總體評價，通過 ICC（1）、ICC（2）的計算公式可以分析出組間均方差（MSB）大，而組內均方差（MSW）小，則能保障 ICC（1）、ICC（2）通過「可匯聚」檢驗。James（1982）給出的經驗標準是 ICC（1）>0.05，ICC（2）>0.50。

$$R_{wg(j)} = \frac{j[1-(\overline{s_{xj}^2}/\sigma_{eu}^2)]}{j[1-(\overline{s_{xj}^2}/\sigma_{eu}^2)]+(\overline{s_{xj}^2}/\sigma_{eu}^2)} \quad (4.1)$$

$$\sigma_{eu}^2 = (A^2-1)/12$$

經計算，決策承諾的 Rwg = 0.912、ICC（1）= 0.163、ICC（2）= 0.623，都符合了 Rwg>0.70、ICC（1）>0.05、ICC（2）>0.50 的條件，滿足了匯聚條件。由此表明決策承諾的數據可以由個體層面聚合到團隊層面。

4.5 實驗數據的獲取

除了決策承諾是採用量表採集數據以外，其他變量數據都通過實驗方法所獲得。具體方法是評定者根據錄像內容對關鍵數據進行計數，再進行加總或其他計算。

4.5.1 團隊任務衝突數據的獲取

由兩名經過培訓的評定者通過反覆回放每個團隊的討論過程對任務衝突進行計數。判定者會依據團隊任務衝突的測量標準，首先進行判斷，再記錄，最後加總。

在團隊討論中出現過如下說法：

「剛才這位同學所提的方案根本行不通。運動會使身上的熱量快速散發。還沒等你走到小鎮，可能你已經被凍死了……」

「我認為不能待在原地，必須自尋出路。因為飛機迫降時已經偏離了原來的航線，搜救隊是不可能很快找到我們的……」

「我認為不能在原地死等，必須到附近的小鎮去尋求支援。我們有地圖有指南針，也知道小鎮在西北方向 80 千米，完全可以去自己找到小鎮……」

「不能步行去小鎮。路途太遙遠，而且路況又不明，很容易走失……」

「衣褲沒有巧克力重要。巧克力可以補充能量。走那麼遠的路，沒有能量怎麼行……」

「你說的不對！最重要的是指南針。只有辨明了方向，我們才能找到小鎮……」

「壓縮紗布不要放在第 4 位，應該是滑雪杖放在第 4 位。滑雪杖可以當作支撐物，上面搭上衣服，可以做個庇護所……」

以上說法或類似說法，只要是符合任務衝突測量標準的，判定者就會把它

作為一次團隊任務衝突進行記錄。

由於任務衝突是由兩位評定者分別計數，所以必須要檢驗評定者在任務衝突的評判上的一致性。兩位評定者的信度檢驗通常採用斯皮爾曼（Spearman）相關係數（王孝玲，1993）。通過 SPSS 統計軟件對數據進行分析，兩位評定者對任務衝突評判的斯皮爾曼相關係數為 0.841，顯著相關，說明兩位評定者對任務衝突的計數具有很高的一致性。

4.5.2 團隊關係衝突數據的獲取

團隊關係衝突數據的獲取和任務衝突數據的獲取方法一樣，也是由兩名經過培訓的評定者通過反覆回放每個團隊的討論過程對關係衝突進行計數。

在團隊討論中出現過如下說法：

「用手槍打動物！你那水平，可能你還沒打死動物，就已經被動物吃掉了……」

「有了指南針就不要地圖？虧你想得出……」

「拜托，我們正在討論威士忌，你怎麼一下就扯到巧克力了？你專注點兒行嗎……」

「哎呀，你不知道就不要亂說嘛……」

「你太悲觀了……」

「待在原地？太蠢了……」

以上說法或類似說法，只要是符合關係衝突測量標準的，判定者就會把它作為一次團隊關係衝突進行記錄。

由於關係衝突也是由兩位評定者分別計數，所以必須要檢驗評定者在關係衝突的評判上的一致性。通過 SPSS 統計軟件對數據進行分析，兩位評定者對關係衝突評判的斯皮爾曼相關係數為 0.872，顯著相關，說明兩位評定者對關係衝突的計數具有很高的一致性。

4.5.3 獨特信息數據的獲取

每個被試獲得的信息都不盡相同，其中約 33% 的信息是共享信息（即所有被試都擁有的信息），而剩餘的約 67% 的信息都是獨特信息（即只有某個被試所擁有的信息）。

兩名評定者手中都有一份完整的獨特信息清單。在觀看每個團隊討論過程的錄像時，評定者就要依據獨特信息清單，記錄下討論過程中的哪些獨特信息至少被提及過一次，以及這些獨特信息重複出現的次數。

由於獨特信息的計數也是由兩位評定者分別完成，所以必須要檢驗評定者在獨特信息評判上的一致性。通過 SPSS 統計軟件對數據進行分析，兩位評定者對至少被提及過一次的獨特信息評判的斯皮爾曼相關係數為 0.921，顯著相關，說明兩位評定者對至少被提及過一次的獨特信息的計數具有很高的一致性。兩位評定者對獨特信息重複次數判定的斯皮爾曼相關係數為 0.914，顯著相關，說明兩位評定者對獨特信息重複次數的計數具有很高的一致性。

4.5.4 決策質量數據的獲取

決策質量的分數由每個團隊對 15 樣物品的排序與正確排序相比較而得出。將每個團隊對某種物品的排序號與此種物品的正確排序號相減，得出一項差值，再將 15 項差值加總。

由經過培訓的人員對每個團隊的物品排序進行統計，得出每個團隊的決策質量分數。

4.5.5 決策承諾數據的獲取

決策承諾的數據來源於對測量量表的統計。

4.6 實驗操控有效性的檢驗

本研究主要對自變量任務衝突進行操控，所以有必要檢驗任務衝突操控的有效性。對任務衝突變量進行了單因素方差分析檢驗，結果顯示，採用辯證探尋法的高任務衝突組的任務衝突數量 M = 7.275，SD = 0.819；高於對照組的任務衝突數量 M = 5.475，SD = 0.697。對兩組數據作配對 t 檢驗，結果 t 統計量的顯著性概率 P = 0.000 <0.001，顯示兩組的任務衝突存在顯著差異，由此表明實驗中對任務衝突的操控達到了預期的效果。

4.7 假設檢驗

本研究借助 SPSS19.0 統計軟件，採用相關分析方法、迴歸分析方法對獨特信息加工和決策績效、任務衝突和獨特信息加工、任務衝突和關係衝突之間的假設關係進行了驗證。

4.7.1 描述性統計結果

在不同任務衝突程度背景下，團隊獨特信息加工和團隊決策績效的描述統計結果見表4-4所示。

表4-4　　團隊任務衝突影響下的結果變量平均數與標準差

	關係衝突		獨特信息分享		獨特信息利用		決策質量		決策承諾	
	M	SD	M	SD	M	SD	M	SD	M	SD
高任務衝突組	3.900	1.021	0.787	0.075	1.266	0.170	23.650	11.061	3.000	0.899
對照組	2.925	0.654	0.695	0.071	1.142	0.122	20.750	8.589	2.933	0.870

4.7.2 各變量之間的相關分析

各變量之間的相關關係如表4-5所示。任務衝突與獨特信息分享、獨特信息利用呈顯著正相關；任務衝突與關係衝突呈顯著正相關；獨特信息分享、獨特信息利用與決策質量、決策承諾分別呈顯著正相關關係；關係衝突與決策質量、決策承諾呈顯著負相關關係。這些相關分析的結果初步驗證了理論模型中的基本相關關係。

但是在相關分析中，任務衝突和決策質量、決策承諾的系數雖為正（r=0.176, r=0.071），卻不存在顯著性。這說明在沒有任何條件的干預下，任務衝突和決策質量、決策承諾之間很可能不存在明確的關係，這也一定程度地驗證了本研究整體思路的正確性。

表4-5　　　　　　　　各變量之間的相關分析

	任務衝突	關係衝突	獨特信息分享	獨特信息利用	決策質量	決策承諾
任務衝突	1					
關係衝突	0.650**	1				
獨特信息分享	0.777**	0.299	1			
獨特信息利用	0.585**	0.127	0.765**	1		
決策質量	0.176	-0.506**	0.440**	0.457**	1	
決策承諾	0.071	-0.548**	0.340*	0.321*	0.946**	1

註：N=40。「**」表示在0.01顯著水平上相關，「*」表示在0.05顯著水平上相關。

4.7.3 任務衝突對獨特信息加工的影響分析

本研究採用一元方差分析方法對團隊任務衝突對獨特信息加工影響的相關假設進行檢驗。首先是檢驗方差齊性，結果表明任務衝突影響下的獨特信息分享（P=0.676>0.05）、獨特信息利用（P=0.232>0.05）可以進行方差分析。

接下來進行方差分析，結果表明任務衝突對獨特信息分享的主效應極為顯著，（F=16.087，P<0.01），說明團隊內部任務衝突加劇，獨特信息分享也會隨之增多（$M_{高任務衝突組}$=0.787，$M_{對照組}$=0.695）；任務衝突對獨特信息利用的主效應也顯著，（F=6.949，P<0.05），說明任務衝突程度越高，獨特信息利用水平越高（$M_{高任務衝突組}$=1.266，$M_{對照組}$=1.142）。因此，假設 H2a、H2b 得到支持。

4.7.4 任務衝突對關係衝突的影響分析

本研究採用一元方差分析方法對團隊任務衝突對關係衝突影響的相關假設進行檢驗。首先是檢驗方差齊性，結果顯示任務衝突影響下的關係衝突（P=0.059>0.05），可以進行方差分析。

接下來進行方差分析，結果表明任務衝突對關係衝突的主效應極為顯著（F=12.930，P<0.01），說明任務衝突程度越高，關係衝突的程度越高（$M_{高任務衝突組}$=3.900，$M_{對照組}$=2.925）。因此，假設 H3 得到支持。

4.7.5 獨特信息加工對團隊決策績效的影響分析

在相關分析中，已初步驗證了獨特信息分享、獨特信息利用分別和決策質量、決策承諾具有顯著相關關係。現在本研究以獨特信息分享和獨特信息利用為自變量，對因變量決策質量、決策承諾做出進一步的迴歸分析，結果如表 4-6 所示。

表 4-6　　　　　　　獨特信息加工對決策績效的迴歸結果

	決策質量	決策承諾
獨特信息分享 F ΔR^2	0.440** 9.117** 0.194	0.340* 4.972* 0.116
獨特信息利用 F ΔR^2	0.457** 10.023** 0.209	0.321* 4.363* 0.103

註：「**」表示在 0.01 顯著水平上相關，「*」表示在 0.05 顯著水平上相關。

從迴歸結果可以看出，獨特信息分享和決策質量的 β 值為 0.440（Sig. < 0.01），且 F 值為 9.117（Sig. <0.01），說明獨特信息分享對決策質量的正向影響非常顯著。因此，假設 H1a 得到驗證。獨特信息分享和決策承諾的 β 值為 0.340（Sig. <0.05），且 F 值為 4.972（Sig. <0.05），說明獨特信息分享對決策承諾的正向影響顯著。因此，假設 H1b 得到驗證。獨特信息利用和決策質量的 β 值為 0.457（Sig. <0.01），且 F 值為 10.023（Sig. <0.01），說明獨特信息利用對決策質量的正向影響非常顯著。因此，假設 H1c 得到驗證。獨特信息利用和決策承諾的 β 值為 0.321（Sig. <0.05），且 F 值為 4.363（Sig. <0.05），說明獨特信息利用對決策承諾的正向影響顯著。因此，假設 H1d 得到驗證。

4.7.6 關係衝突對團隊決策績效的影響分析

在相關分析中，已初步驗證了關係衝突和決策質量、決策承諾具有顯著相關關係。現在本研究以關係衝突為自變量，對因變量決策質量、決策承諾做進一步的迴歸分析，結果如表 4-7 所示。

表 4-7　　　　　關係衝突對決策績效的迴歸結果

	決策質量	決策承諾
關係衝突	-0.506**	-0.548**
F	13.109**	16.326**
ΔR^2	0.237	0.282

註：「**」表示在 0.01 顯著水平上相關，「*」表示在 0.05 顯著水平上相關。

從迴歸結果可以看出，關係衝突和決策質量的 β 值為-0.506（Sig. <0.01），且 F 值為 13.109（Sig. <0.01），說明關係衝突對決策質量的負向影響非常顯著。因此，假設 H4a 得到驗證。關係衝突和決策承諾的 β 值為-0.548（Sig. <0.01），且 F 值為 16.326（Sig. <0.01），說明關係衝突對決策承諾的負向影響非常顯著。因此，假設 H4b 得到驗證。

4.8　結果討論

本研究採用行為實驗獲取相關研究數據，從團隊層面深入探討了現場決策過程中任務衝突對決策績效的作用機制。本研究在對實驗操控效果進行檢驗的基礎上，借助 SPSS19.0 統計軟件，運用相關分析、方差分析和迴歸模型等分

析方法對各項研究假設進行了檢驗。檢驗結果都支持了相關假設（見表4-8）。

表4-8　　　　　　　　　　研究假設檢驗結果

序號		假設	檢驗結果
H1	H1a	獨特信息分享越多，團隊決策質量越高	成立
	H1b	獨特信息分享越多，團隊決策承諾越高	成立
	H1c	獨特信息利用越多，團隊決策質量越高	成立
	H1d	獨特信息利用越多，團隊決策承諾越高	成立
H2	H2a	任務衝突強度越大，獨特信息分享越多	成立
	H2b	任務衝突強度越大，獨特信息利用越多	成立
H3		任務衝突與關係衝突呈顯著正相關關係	成立
H4	H4a	關係衝突強度越大，團隊決策質量越低	成立
	H4b	關係衝突強度越大，團隊決策承諾越低	成立

檢驗結果具體分析如下：

1. 獨特信息加工對決策績效的影響

獨特信息是團隊成員各自擁有的不為他人知曉的信息和知識，在由專長不同的成員組成的戰略決策團隊中，獨特信息的存在是非常普遍的情況。本研究結果證明：不管是獨特信息分享還是獨特信息利用的程度都對決策質量和決策承諾具有顯著的影響。獨特信息分享和利用的水平越高，決策質量和決策承諾的水平就越高。這一結論在前人的信息加工理論研究中已經有所涉及，本研究的研究結果不僅再次證明了獨特信息的加工與決策質量之間的正向關係，還證明了獨特信息加工與決策承諾之間也存在顯著的正向關係，這也是對團隊決策中信息加工理論的一個很好的補充。

2. 任務衝突對獨特信息加工的影響

任務衝突是團隊成員就任務相關內容的分歧和爭論。本研究結果證明：任務衝突對獨特信息加工具有顯著的影響。任務衝突的水平越高，獨特信息分享和獨特信息利用的水平就越高。這證明任務衝突的加劇可以有效刺激成員努力挖掘和任務相關的各類信息，尤其是獨特信息；並能增加對獨特信息的反覆討論和分析。這證明了任務衝突是挖掘、加工獨特信息的一種有效方法。

3. 任務衝突對關係衝突的影響

即使是就任務相關內容產生的分歧和爭論，也不可避免地會涉及情感成分，導致人際層面的不良摩擦，因此關係衝突總是會成為任務衝突的「影

子」，伴隨著任務衝突而產生。本研究結果證明，任務衝突對關係衝突有著顯著的影響。任務衝突的水平越高，關係衝突的水平就越高。這一結論在前人的研究中已經有所涉及，本研究的研究結果再次證明了任務衝突和關係衝突之間的正向關係。

4. 關係衝突對決策績效的影響

關係衝突總是有害的，關係衝突一旦產生，總是會對決策績效產生不良影響。本研究結果證明，關係衝突對決策績效的負面影響非常顯著。關係衝突水平越高，決策質量和決策承諾的水平就越低。這一結論在前人的研究中已經有所涉及，本研究的研究結果再次證明了關係衝突的負面作用。

5. 揭示了任務衝突對決策績效的影響機制

上述假設得以驗證，實際上是明確了現場決策過程中任務衝突對決策績效的影響機制。在現場決策過程中，任務衝突一方面可以有效地促進獨特信息的分享和利用，而獨特信息的分享和利用又與決策績效呈現顯著的正相關關係，因而任務衝突具有提高決策績效的潛力；但另一方面，任務衝突又會引發關係衝突，而關係衝突總是有害的，當它在決策過程的中途出現後，會對決策績效產生負面影響。

正是因為任務衝突對決策績效的這兩方面相互矛盾的影響同時存在，致使任務衝突對團隊決策績效的影響處於不明確的狀態。如果在某些情況下，任務衝突對決策績效的正面作用大於其引發的關係衝突的負面作用，則很可能出現任務衝突對決策績效具有正向影響的結果；但如果在某些情況下，任務衝突對決策績效的正面作用小於其引發的關係衝突的負面作用，則很可能出現任務衝突對決策績效具有負向影響的結果；而當兩方面作用相差不多時，則會出現任務衝突對決策績效不具有顯著影響的結果。這在一定程度上可以解釋為什麼目前學術界的相關研究結果會出現矛盾的情況。

既然任務衝突在決策過程中不可避免，對決策績效又存在著相互矛盾的兩方面影響，那麼在團隊管理實踐中就只能採用一定的方法去增大其正面作用，遏制其負面作用。縱觀任務衝突對決策績效的影響過程，要實現這一目標，關鍵就在於要盡量增強任務衝突對信息加工的正面作用，減少任務衝突向關係衝突的轉化。而要達到這一目標，最好的方法就是引入一定的情境因素。這也是在後面章節中將要研究的內容。

4.9 本章小結

　　本章在梳理任務衝突、信息加工以及決策績效等相關理論的基礎上，建立了現場決策過程中「任務衝突—決策績效」的雙向影響模型，並提出了「任務衝突—獨特信息加工」「任務衝突—關係衝突」「獨特信息加工—決策績效」「關係衝突—決策績效」等相關假設；然後採用行為實驗模擬戰略決策團隊的現場決策過程獲取了相關變量的數據；最後通過相關分析、方差分析和迴歸分析方法對數據進行整理和分析，完成了對相關假設的檢驗。

　　數據結果都支持了相關假設，明確了現場決策過程中任務衝突對決策績效的作用機制，也證明了任務衝突對決策績效的兩方面影響同時存在，致使任務衝突對團隊決策績效的影響一直處於不明確的狀態。而要增大任務衝突的正面作用，遏制其負面作用，關鍵是要引入一定的情境因素。這在後面章節中將進行進一步的研究。

5 情境變量影響模型的實證研究

由上一章的分析結果可知，在團隊現場決策過程中，任務衝突一方面能刺激獨特信息分享，具有提高團隊決策績效的潛力；但另一方面也會引發關係衝突，而關係衝突會對團隊決策績效產生負面影響。這兩方面的影響致使任務衝突和團隊決策績效的關係錯綜複雜，二者之間的關係存在三種可能性：正相關關係、負相關關係和沒有顯著關係。在這種情況下，僅僅是孤立地探討任務衝突的正負面作用沒有太大的意義。要想厘清任務衝突和決策績效之間的關係，並使二者之間呈現出所需的正向關係，關鍵在於要盡可能地發揮任務衝突的正面作用，而避免其負面作用。要達到此目的，引入合適的情境變量是較為可行的方法。情境因素應該對「任務衝突—決策績效」產生正向的調節作用，即當任務衝突和決策績效呈正相關關係時，情境因素可以增強二者的正相關關係；當任務衝突和決策績效呈負相關關係時，情境因素可以減弱二者的負相關關係；當任務衝突和決策績效沒有顯著關係時，情境因素可以促使二者向正相關關係發展。

眾多的學者從團隊結構、情感、個人差異等角度選取團隊公開交流規範、任務類型、信任、團隊情商、自我效能感等作為情境變量，且證明了這些情境變量的確對「團隊衝突—團隊績效」起到了一定的調節作用，但這些因素多是以國外高管團隊為對象進行的研究。目前中國跨國企業的飛速發展，團隊內部涉及不同的風俗文化，跨文化特徵顯著，能有效刺激信息加工，針對衝突轉化的情境因素可能與西方國家不盡相同。而目前以中國跨國企業高管團隊為研究對象，適合中國高管團隊衝突現狀的情境因素的研究還比較少，這不符合中國跨國企業飛速發展的現狀，也不利於中國跨國企業進一步的發展。因此，本研究擬在梳理學者們曾研究過的情境因素以及和「衝突—績效」關係較為緊密的情境因素的基礎上，以中國跨國企業高管團隊為研究對象，組織一次問卷調查，以甄選出對中國跨國企業高管團隊「任務衝突—決策績效」具有正向調節作用的情境因素。

由於本研究的研究對象已確定為高管團隊，而高管團隊面臨的都是非常規性的任務，任務類型是明確的。所以本論文在研究過程中，就沒有再選擇任務方面的情境因素，而是把考察重點放在了和「人」直接相關的因素上，選擇了和「人」的情感、能力相關的變量。本研究從關係情感角度選出信任、感知團隊氛圍和團隊情商三個變量，從理性認知角度選出求知動機和自我效能感兩個變量作為備選情境變量進行研究。

5.1 模型中基本概念的界定

1. 信任

本研究主要採納了 McAllister（1995）和 Mayer 等（1995）對信任的界定，認為信任是指某人僅憑藉對他人將要做對自己有利事情的期望，就決定採取相應的行動。

2. 感知團隊氛圍

團隊氛圍是指每個成員對特定環境的感知。本研究採用 Klivimaki 和 Elovainio（1999）對感知團隊氛圍的界定，認為感知團隊氛圍包括對團隊認同、參與的安全感、績效高標準和合作的機制支持的認知。

3. 團隊情商

本研究採用了 Wolff 和 Druskat（2001）從獲得和管理情緒個人能力角度出發對團隊情緒智力的定義，認為團隊情緒智力是團隊控製和調節成員在團隊互動過程中的綜合情緒的能力。

4. 求知動機

De Dreu 等（2006）認為求知動機是人們願意為全面、準確地瞭解某一事物而付出努力的意願。本研究將該定義放在決策領域匯總，認為求知動機就是指個人或團隊為全面探索決策問題的解決方案而努力的意願。求知動機是促進個人或團隊進行詳盡的信息加工的一個重要因素。

5. 自我效能感

本研究採用了 Bandura（1977）對自我效能感的定義，認為自我效能感是指個體對自己是否具有積極應對複雜環境或強大壓力的能力的一種判斷。自我效能感高的個體，通常能採取積極樂觀的態度去面對外部壓力，因而更可能取得成功。自我效能感是聯接獲取知識和採取行動之間的橋樑。在做出決策時，自我效能感主要作用於行為過程的信息評估階段，影響行為主體的認知過程。

6. 團隊任務衝突

本研究對任務衝突定義採納了 Ellzabeth V. Hobman 等（2002）的觀點，認為任務衝突是對別人提出的任務解決方案有不同意見或是對其方案直接拒絕，但其中必須包含對任務內容有貢獻的建議。任務衝突聚焦於工作任務本身，源於實現團隊目標存在的多種不同的角度和策略。

7. 決策質量

決策質量是指一個決策對達成組織目標的貢獻（陳璐，楊百寅，井潤田，劉璞，2009）。決策質量越高，對組織目標的貢獻度越大。

8. 決策承諾

本研究採用了 Dooley、Fryell（1999）對決策承諾的定義，認為決策承諾是團隊成員對所作決策的認可度和支持度，直接關係到決策執行過程中與其他成員的合作關係。成員對決策的承諾越高，就表明決策在執行過程中會遇到的麻煩越少，對組織績效越有利。

9. 跨國企業

本研究採用了聯合國跨國企業委員會對跨國企業的界定，跨國企業是指由兩個或兩個以上國家的經濟實體所組成，並從事生產、銷售和其他經營活動的國際性企業。跨國企業應具備以下三個要素：①是一個商業企業，組成這個企業的實體在兩個或兩個以上的國家內經營業務；②這種企業有一個中央決策體系，具有共同的政策；③這種企業的各個實體共享資源、信息以及分擔責任。

5.2 研究假設推導

本研究依據以前文獻的研究結論的佐證，通過邏輯推理，提出以下各個情境變量的研究假設。

5.2.1 信任的調節作用

戰略決策往往會經過激烈的任務討論才能最終得出，當爭論成為決策過程的一部分時，成員是否接受他人觀點在很大程度上依賴於對對方的信賴感。

任務衝突可以刺激團隊成員交換不同背景的知識和工作信息（Dutton & Duncan, 1987; Bantel & Jackson, 1989）。當團隊成員之間建立起信任後，成員對他人的能力和責任都會具有相當程度的理性判斷，可以有效減少對他人提供的信息真實度的質疑，使成員可以更中肯、全面、敏銳和及時地捕捉和接受有

用的任務信息（McEvily, et al., 2003）。而且信任也事關成員之間的情感關係，成員在情感上的信任也會影響成員對衝突中產生的信息的理解和接受程度，成員之間的信任度越高，信息被理解和接受的程度就越高。相反，如果成員之間信任度低，成員就會對任務衝突產生的大量信息持懷疑態度，會阻礙這些信息進一步的加工（Dooley & Fryxell, 1999）。因此，團隊成員之間的信任有利於成員對信息進行利用和加工，有效擴大任務衝突，提升決策質量的潛力。另外，信任還可以促使成員更致力於決策的執行。如果成員對這項決策的提出者在能力和情感上具有足夠的信任，在執行決策時，成員會更加積極和努力（Satyanarayana Parayitam, et al., 2009）。

信任是成員對團隊可靠性和專業性的信心。Zaheer 等（1988）曾說過，「彼此信任的團隊成員更可能面對和解決任務中產生的爭論，而衝突破壞人際關係的風險會相對較低」。如果團隊成員互相信任，當任務方面的分歧產生時，他們通常只會圍繞任務內容展開討論，不會將任務衝突轉化為關係衝突；而如果成員之間缺乏信任，成員很容易將任務方面的爭論轉化為人身攻擊，從而隱瞞其他成員需要的信息，導致信息加工有偏向性，會破壞任務衝突提升決策質量和決策承諾的潛力。

任務衝突可以促使團隊成員瞭解決策背後的理由，提高決策質量，而信任可以加強任務衝突和決策質量之間的關係。這是因為成員可以依據對其他成員的信賴程度，正面評價和理解他們所提供的信息，並依據這些信息採取行動。

基於上述分析，本研究對信任對團隊任務衝突和決策績效關係的影響，形成以下假設：

H5：信任對團隊任務衝突和決策績效的關係具有正向的調節作用。即當任務衝突和決策績效呈正相關關係時，信任可以增強二者的正相關關係；或者當任務衝突和決策績效呈負相關關係時，信任可以減弱二者的負相關關係；或者當任務衝突和決策績效沒有顯著關係時，信任可以促使二者向正相關關係發展。

H5a：當任務衝突和決策質量呈正相關關係時，信任可以增強二者的正相關關係；或者當任務衝突和決策質量呈負相關關係時，信任可以減弱二者的負相關關係；或者當任務衝突和決策質量沒有顯著關係時，信任可以促使二者向正相關關係發展。

H5b：當任務衝突和決策承諾呈正相關關係時，信任可以增強二者的正相關關係；或者當任務衝突和決策承諾呈負相關關係時，信任可以減弱二者的負相關關係；或者當任務衝突和決策承諾沒有顯著關係時，信任可以促使二者向

正相關關係發展。

5.2.2 感知團隊氛圍的調節作用

感知團隊氛圍是指在團隊的互動過程中，團隊成員對團隊認同、參與的安全感、績效高標準和合作的機制支持的認知（Klivimaki & Elovainio, 1999），可以用團隊認同、開放性程度和信任等指標來衡量。

團隊認同是團隊合作的核心基礎，對團隊目標的認同可以使團隊成員對任務的期望形成準確的解釋，從而使成員的行動和其他團隊成員的要求相協調、相適應。組織成員明確承諾和贊同組織所確定的發展方向，才會有合作交流的動力（McKee, 1992; Norman, 1985; Senge, 1990）。在決策討論過程中，當團隊成員就任務產生分歧和爭論時，共同的目標會促使成員「就事論事」，促使成員之間進行充分的信息分享和溝通交流，以提高決策質量，保證決策承諾，而不會對爭論和分歧產生「誤讀」，導致人際衝突的產生。

團隊開放性是指成員能夠自由公開發表意見的程度。團隊開放性越高，成員在決策過程中越能自由說出自己的觀點。在鼓勵公開發表意見的團隊裡，成員可以就任務內容進行爭論，但相互攻擊和隱蔽的政治行為會比一般的團隊少（Eisenhardt & Bourgeois, 1988）。這可能是因為團隊開放性程度高，團隊成員更能包容和接受他人的不同觀點和看法（孫海法，劉海山，2007）。因此，在團隊發生任務衝突時，團隊開放性一方面能更好地促使信息分享，提高決策質量；一方面可以有效地防止任務衝突轉化為關係衝突，增強團隊成員對決策的認可度和對團隊的滿意度。

信任是團隊氛圍的另一衡量指標，而信任在團隊任務衝突和決策績效之間的調解作用在上文已經進行了詳細的論述。

因此，任務衝突具有提高團隊決策績效的潛力，而感知的團隊氛圍可以有效地促進團隊內部進行信息分享和溝通，避免任務衝突向關係衝突轉化，能使任務衝突對團隊決策績效產生正面影響。

基於上述分析，本研究對感知團隊氛圍對團隊任務衝突和決策績效關係的影響，形成以下假設：

H6：感知團隊氛圍對團隊任務衝突和決策績效的關係具有正向的調節作用。即當任務衝突和決策績效呈正相關關係時，感知團隊氛圍可以增強二者的正相關關係；或者當任務衝突和決策績效呈負相關關係時，感知團隊氛圍可以減弱二者的負相關關係；或者當任務衝突和決策績效沒有顯著關係時，感知團隊氛圍可以促使二者向正相關關係發展。

H6a：當任務衝突和決策質量呈正相關關係時，感知團隊氛圍可以增強二者的正相關關係；或者當任務衝突和決策質量呈負相關關係時，感知團隊氛圍可以減弱二者的負相關關係；或者當任務衝突和決策質量沒有顯著關係時，感知團隊氛圍可以促使二者向正相關關係發展。

H6b：當任務衝突和決策承諾呈正相關關係時，感知團隊氛圍可以增強二者的正相關關係；或者當任務衝突和決策承諾呈負相關關係時，感知團隊氛圍可以減弱二者的負相關關係；或者當任務衝突和決策承諾沒有顯著關係時，感知團隊氛圍可以促使二者向正相關關係發展。

5.2.3 團隊情商的調節作用

團隊情緒智力是團隊控製和調節成員在團隊互動過程中的綜合情緒的能力。情緒智商較高的團隊，成員們的交流溝通能力和情緒控製能力通常較強，這有助於團隊建立起關係融洽的內部環境。

Yang 等（2004）在研究中指出，當團隊成員情緒失控的時候，衝突就會發生。而 Ashkannsy 等（2002）的研究表明，團隊成員的情緒智力會顯著影響團隊的交流和溝通。成員情緒智力水平越高，成員之間的交流溝通就越順暢，成員就越能正確對待互動過程中出現的問題。因此，在高情緒智力的團隊中，即使團隊成員在決策過程中就任務產生爭論和分歧，團隊成員也能通過正確的人際溝通方式對這些爭論進行溝通和協調。Cherniss 等（2001）深入研究了團隊中個體情商和衝突解決能力的關係，發現在衝突問題的處理上，高情商個體的能力明顯高於低情商個體。高情商個體總是能冷靜面對沖突，積極尋找解決問題的方法，在團隊最終決策方案的提出中發揮了重要的作用。

Jordan 等（2002）發現，團隊情緒智力有利於形成良好的團隊情緒，從而形成良好的團隊內部氛圍，促進團隊內部團結。情緒智力高的成員更容易凝聚在一起，為實現團隊目標而努力工作。良好的團隊工作氛圍和團隊凝聚力都能使成員之間具有融洽的關係和統一的工作目標，這都有利於降低任務衝突向關係衝突轉化的可能性，使任務衝突和團隊決策績效之間的潛在正相關關係得以擴大。

基於上述分析，本研究對團隊情商對團隊任務衝突和決策績效的影響形成以下假設：

H7：團隊情商對團隊任務衝突和決策績效的關係具有正向的調節作用。即當任務衝突和決策績效呈正相關關係時，團隊情商可以增強二者的正相關關係；或者當任務衝突和決策績效呈負相關關係時，團隊情商可以減弱二者的負

相關關係；或者當任務衝突和決策績效沒有顯著關係時，團隊情商可以促使二者向正相關關係發展。

H7a：當任務衝突和決策質量呈正相關關係時，團隊情商可以增強二者的正相關關係；或者當任務衝突和決策質量呈負相關關係時，團隊情商可以減弱二者的負相關關係；或者當任務衝突和決策質量沒有顯著關係時，團隊情商可以促使二者向正相關關係發展。

H7b：當任務衝突和決策承諾呈正相關關係時，團隊情商可以增強二者的正相關關係；或者當任務衝突和決策承諾呈負相關關係時，團隊情商可以減弱二者的負相關關係；或者當任務衝突和決策承諾沒有顯著關係時，團隊情商可以促使二者向正相關關係發展。

5.2.4 求知動機的調節作用

動機性信息加工理論最初是由 De Dreu、Carnevale（2003）針對談判領域提出來的，之後 De Dreu 等人又將該理論進一步擴展到團隊決策領域。該理論的核心思想是決策過程中信息分享的數量和質量受到求知動機和社會動機的影響。其中，求知動機是人們願意為全面、準確地瞭解某一事物而付出努力的意願（De Dreu, et al., 2006），決定著團隊信息加工的深度，也影響著團隊決策績效。在認知動機較高的團隊中，往往採取啓發式信息加工方式和偏好驅動的信息加工方式，成員們根據自己的偏好對信息進行取捨，只對輕易獲取的信息進行加工，使得信息加工欠缺深度，導致決策質量低下。而在認知動機較高的團隊中，則會採取詳盡的系統式信息加工和信息驅動的信息加工方式，成員會盡可能最大化地發掘相關信息，全面系統地分析、評估、整合所有的信息，從而提高決策質量。

一方面，任務衝突在團隊決策過程中可以增加信息分享的數量；而求知動機能使成員將主要精力放在對各類信息的分析評估上，提高信息的有效利用率。二者結合在一起，是相得益彰的。在任務衝突研究中引入求知動機變量，二者產生交互作用，有可能進一步提高團隊決策質量。另一方面，當團隊成員就任務內容存在較大的意見分歧和爭論時，求知動機會促使團隊成員把有限的認知資源放在處理和分析這些由於分歧而產生的大量信息上；而無暇去對不同意見進行錯誤的歸因，可以一定程度地避免引發關係衝突，這也有利於決策質量的提高。

而且，求知動機促使成員聚焦信息分享，可以促使成員對任務背景、內容、目標有更深入的瞭解，也有利於增強成員對該決策的承諾。成員有機會說

出自己的觀點並和大家共同進行討論這些觀點，會增強他們的「主人翁」意識；對於自己積極參與討論而最終得出的決策，成員們的支持度和認可度會大大提高，這有利於成員對最終決策的執行（Simons & Peterson, 2000; Greenberg & Folger, 1983; Lind & Tyler, 1988）。

基於上述分析，本研究對求知動機對團隊任務衝突和決策績效關係的影響，形成以下假設：

H8：求知動機對團隊任務衝突和決策績效的關係具有正向的調節作用。即當任務衝突和決策績效呈正相關關係時，求知動機可以增強二者的正相關關係；或者當任務衝突和決策績效呈負相關關係時，求知動機可以減弱二者的負相關關係；或者當任務衝突和決策績效沒有顯著關係時，求知動機可以促使二者向正相關關係發展。

H8a：當任務衝突和決策質量呈正相關關係時，求知動機可以增強二者的正相關關係；或者當任務衝突和決策質量呈負相關關係時，求知動機可以減弱二者的負相關關係；或者當任務衝突和決策質量沒有顯著關係時，求知動機可以促使二者向正相關關係發展。

H8b：當任務衝突和決策承諾呈正相關關係時，求知動機可以增強二者的正相關關係；或者當任務衝突和決策承諾呈負相關關係時，求知動機可以減弱二者的負相關關係；或者當任務衝突和決策承諾沒有顯著關係時，求知動機可以促使二者向正相關關係發展。

5.2.5 自我效能感的調節作用

自我效能感是一種重要的行為決定因素，強調個體在遇到困難、挫折以及不確定的風險時所具有的主觀能動性。Bandura（1977）針對組織行為這一領域，認為自我效能感是指個體對自己是否具有積極應對複雜環境或強大壓力的能力的一種判斷，也是個體對自己能力的一種信心。自我效能感高的個體，通常能採取積極樂觀的態度去面對外部壓力，調動一切可能的資源，因而更可能取得成功。自我效能感是聯接獲取知識和採取行動之間的橋樑。在做出決策時，自我效能感主要作用於行為過程的信息評估階段，影響行為主體的認知過程。

自我效能感會影響人們動機性努力的程度、人們的思維過程和情感過程（Albert Bandura, 1986）。當團隊成員具有較高的自我效能感時，他們對自己能制定出高質量的決策充滿信心，堅信自己能夠圓滿完成團隊目標。他們會以積極樂觀的態度去挑戰組織已存範式，主動尋找問題的解決辦法，絕不輕言放

棄。在決策討論過程中出現不同的意見和分歧時，自我效能感高的成員通常會表現出積極樂觀的態度，主動尋找有用的信息和更好的解決方法，這都有益於團隊決策質量和決策承諾的提高。

在面對複雜、不良的外部環境或強大壓力時，自我效能感可以激發個體的潛能，改變個體的態度和行為。高自我效能感的人在面臨決策討論中出現的矛盾和分歧時，通常不會產生焦躁不安的情緒，不會認為自己處在潛在的威脅中而感到過度焦慮。這會在一定程度上阻礙任務衝突向關係衝突的轉化，有利於提高決策質量、決策承諾以及成員對團隊的情感認同度。

基於上述分析，本研究對自我效能感對團隊任務衝突和決策績效關係的影響，形成以下假設：

H9：自我效能感對團隊任務衝突和決策績效的關係具有正向的調節作用。即當任務衝突和決策績效呈正相關關係時，自我效能感可以增強二者的正相關關係；或者當任務衝突和決策績效呈負相關關係時，自我效能感可以減弱二者的負相關關係；或者當任務衝突和決策績效沒有顯著關係時，自我效能感可以促使二者向正相關關係發展。

H9a：當任務衝突和決策質量呈正相關關係時，自我效能感可以增強二者的正相關關係；或者當任務衝突和決策質量呈負相關關係時，自我效能感可以減弱二者的負相關關係；或者當任務衝突和決策質量沒有顯著關係時，自我效能感可以促使二者向正相關關係發展。

H9b：當任務衝突和決策承諾呈正相關關係時，自我效能感可以增強二者的正相關關係；或者當任務衝突和決策承諾呈負相關關係時，自我效能感可以減弱二者的負相關關係；或者當任務衝突和決策承諾沒有顯著關係時，自我效能感可以促使二者向正相關關係發展。

5.2.6　假設匯總

本研究認真梳理了信任、感知團隊氛圍、團隊情商、求知動機和自我效能感對「團隊衝突—團隊績效」影響的相關文獻，並在此基礎上構建了情境因素影響模型，深入分析了5個變量在「任務衝突—決策績效」關係上的調節作用，最終形成10個假設（見表5-1），包括8個驗證性假設和2個開拓性假設。

在待檢驗假設的匯總歸類表中，信任、感知團隊氛圍、團隊情商和自我效能感的調節作用在以往文獻中都有過相關探討，並得到過經驗數據的驗證。因此H5、H6、H7、H9都屬於驗證性假設。求知動機對信息加工、決策績效的

影響雖然在很多文獻中都被探討過，但把求知動機作為情境因素，分析其對「任務衝突—決策績效」的調節作用還屬首次。

表 5-1　　　　　　　　　　　研究假設匯總表

序號		假設	假設類型
H5	H5a	當任務衝突和決策質量呈正相關關係時，信任可以增強二者的正相關關係；或者當任務衝突和決策質量呈負相關關係時，信任可以減弱二者的負相關關係；或者當任務衝突和決策質量沒有顯著關係時，信任可以促使二者向正相關關係發展	驗證性假設
	H5b	當任務衝突和決策承諾呈正相關關係時，信任可以增強二者的正相關關係；或者當任務衝突和決策承諾呈負相關關係時，信任可以減弱二者的負相關關係；或者當任務衝突和決策承諾沒有顯著關係時，信任可以促使二者向正相關關係發展	驗證性假設
H6	H6a	當任務衝突和決策質量呈正相關關係時，感知團隊氛圍可以增強二者的正相關關係；或者當任務衝突和決策質量呈負相關關係時，感知團隊氛圍可以減弱二者的負相關關係；或者當任務衝突和決策質量沒有顯著關係時，感知團隊氛圍可以促使二者向正相關關係發展	驗證性假設
	H6b	當任務衝突和決策承諾呈正相關關係時，感知團隊氛圍可以增強二者的正相關關係；或者當任務衝突和決策承諾呈負相關關係時，感知團隊氛圍可以減弱二者的負相關關係；或者當任務衝突和決策承諾沒有顯著關係時，感知團隊氛圍可以促使二者向正相關關係發展	驗證性假設
H7	H7a	當任務衝突和決策質量呈正相關關係時，團隊情商可以增強二者的正相關關係；或者當任務衝突和決策質量呈負相關關係時，團隊情商可以減弱二者的負相關關係；或者當任務衝突和決策質量沒有顯著關係時，團隊情商可以促使二者向正相關關係發展	驗證性假設
	H7b	當任務衝突和決策承諾呈正相關關係時，團隊情商可以增強二者的正相關關係；或者當任務衝突和決策承諾呈負相關關係時，團隊情商可以減弱二者的負相關關係；或者當任務衝突和決策承諾沒有顯著關係時，團隊情商可以促使二者向正相關關係發展	驗證性假設

表5-1(續)

序號		假設	假設類型
H8	H8a	當任務衝突和決策質量呈正相關關係時，求知動機可以增強二者的正相關關係；或者當任務衝突和決策質量呈負相關關係時，求知動機可以減弱二者的負相關關係；或者當任務衝突和決策質量沒有顯著關係時，求知動機可以促使二者向正相關關係發展	開拓性假設
	H8b	當任務衝突和決策承諾呈正相關關係時，求知動機可以增強二者的正相關關係；或者當任務衝突和決策承諾呈負相關關係時，求知動機可以減弱二者的負相關關係；或者當任務衝突和決策承諾沒有顯著關係時，求知動機可以促使二者向正相關關係發展	開拓性假設
H9	H9a	當任務衝突和決策質量呈正相關關係時，自我效能感可以增強二者的正相關關係；或者當任務衝突和決策質量呈負相關關係時，自我效能感可以減弱二者的負相關關係；或者當任務衝突和決策質量沒有顯著關係時，自我效能感可以促使二者向正相關關係發展	驗證性假設
	H9b	當任務衝突和決策承諾呈正相關關係時，自我效能感可以增強二者的正相關關係；或者當任務衝突和決策承諾呈負相關關係時，自我效能感可以減弱二者的負相關關係；或者當任務衝突和決策承諾沒有顯著關係時，自我效能感可以促使二者向正相關關係發展	驗證性假設

5.3 模型中各變量的測量

本模型中的相關假設將通過問卷調查法、實證分析方法進行檢驗和驗證，因而對模型中涉及的變量主要採用量表進行測量。

5.3.1 量表的開發與設計步驟

在編制以上變量的測量量表時，為了保證研究工具的科學和嚴謹，本研究借鑑使用的量表主要來自於西方學者的研究成果，這些量表在實踐中已經被反覆使用過多次，並經過大量實證研究表明是具有較高的信度和效度的。

測量量表開發與設計的具體步驟如下：

第一，查找文獻，搜集相關量表。通過搜尋國內外文獻，查找待測量變量的相關量表並進行篩選，盡量選擇信度和效度高的量表。

第二，對英文版本的測量量表進行翻譯。筆者首先對測量量表進行了初步

翻譯；其次，為了確保整個量表翻譯的準確性和流暢性，筆者又曾先後邀請了數位英語專業的教師依據英文量表，對初步翻譯的內容進行了審查和修訂；最後筆者將修訂過的中文量表和英文量表進行比對，以確保量表在翻譯過程中信息既不增加也不丟失。

第三，邀請相關研究領域的老師對最終量表的表述進行進一步的審閱和修正，確保測量量表措辭準確，能夠被被調查者理解，能夠達到量表設定的目標。

經過上述步驟，本研究確定了最終的測量量表。量表共包含三大部分，第一部分是自變量團隊任務衝突的量表，第二部分是因變量團隊決策績效的量表（包括團隊決策質量、團隊決策承諾），第三部分是幾個情境變量的量表（包括信任、團隊氛圍、團隊情商、求知動機和自我效能等）。量表有中文和英文兩個版本。

5.3.2 變量的測量

1. 團隊任務衝突（Task Conflict）的測量

本研究測量團隊任務衝突的量表是在 Jehn（1995）發的量表基礎上，結合本研究目標加以修改而得的，採用 5 點刻度，「1」表示程度很低，「5」表示程度很高。題項共有 3 個，如表 5-2 所示。

表 5-2　　　　　　　　團隊任務衝突（TC）的測量

編號	題項	來源
TC1	成員之間經常就決策任務實質產生分歧意見	Jehn（1995）
TC2	成員之間經常就實現決策目標的方法產生對立的觀點	
TC3	成員通常對決策任務的內容沒有異議	

2. 團隊決策質量（Decision-making Quality）的測量

本研究測量決策質量的量表是在 Amason（1996）開發的量表基礎上，結合本研究目標加以修改而得的，採用 5 點刻度，「1」表示程度很低，「5」表示程度很高。題項共有 3 個，如表 5-3 所示。

表 5-3　　　　　　　　團隊決策質量（DMQ）的測量

編號	題項	來源
DMQ1	您認為從整體看團隊決策的質量非常好	Amason（1996）
DMQ2	您認為團隊決策的質量完全滿足了該決策的原始意圖	
DMQ3	您認為團隊決策的質量對組織績效有很大的促進作用	

3. 團隊決策承諾（Decision-making Commitment）的測量

本研究測量決策承諾的量表是在 Wooldridge 和 Folyd（1990）開發的量表基礎上，結合本研究目標加以修改而得的，採用 5 點刻度，「1」表示程度很低，「5」表示程度很高。題項共有 4 個，如表 5-4 所示。

表 5-4　　　　　　　　團隊決策承諾（DMC）的測量

編號	題項	來源
DMC1	您個人對最終成為決策的方案非常支持	Wooldridge & Folyd（1990）
DMC2	最終決策和您個人的偏好非常一致	
DMC3	您非常相信最終決策會提高整個組織的績效	
DMC4	您非常關注和在意最終決策能否取得成功	

4. 信任（Trust）的測量

本研究測量信任的量表是在 Mayer 等（1995）、McAllister（1995）、Simons（2000）開發的量表基礎上，結合本研究目標加以修改而得的，採用 5 點刻度，「1」表示程度很低，「5」表示程度很高。題項共有 5 個，如表 5-5 所示。

表 5-5　　　　　　　　　　信任（T）的測量

編號	題項	來源
T1	成員之間對彼此的工作能力都很尊重	McAllister（1995）、Mayer 等（1995）
T2	成員之間能自由分享自己的想法、感受和希望	
T3	成員都期望彼此能說真話	
T4	成員彼此之間是非常信任的	
T5	成員之間相互依靠去履行諾言	

5. 感知團隊氛圍（Perceived Team Climate）的測量

本研究測量感知團隊氛圍的量表是在 Klivimaki 和 Elovainio（1999）、

Howard 等（2004）開發的量表基礎上，結合本研究目標加以修改而得的，採用 5 點刻度，「1」表示程度很低，「5」表示程度很高。題項共有 4 個，如表 5-6 所示。

表 5-6　　　　　　　　感知團隊氛圍（PTC）的測量

編號	題項	來源
PTC1	成員對團隊目標都很認可	Klivimaki & Elovainio（1999）、Howard 等（2004）
PTC2	成員之間可以開放地表達自己的觀點，而不用擔心被報復	
PTC3	通過有效的組織，我們團隊能提出高質量的決策	
PTC4	成員對團隊的貢獻能夠得到認可	

6. 團隊情商（Team Emotional Intelligence）的測量

本研究測量信任的量表是在 Wolff 和 Druskat（2001）、Hamme（2003）開發的量表基礎上，結合本研究目標加以修改而得的，量表內容包括團隊的自我評價、創造工作情緒資源、營造肯定氣氛等方面。量表採用 5 點刻度，「1」表示程度很低，「5」表示程度很高。題項共有 5 個，如表 5-7 所示。

表 5-7　　　　　　　　團隊情商（TEI）的測量

編號	題項	來源
TEI1	團隊內部有明確的規章制度，凡事依規矩辦事	Wolff & Druskat（2001）、Hamme（2003）
TEI2	成員喜歡學習新知識、新技能，接受新事物	
TEI3	團隊工作氣氛輕鬆	
TEI4	成員之間願意分享各自的信息和經驗	
TEI5	成員工作積極性高，以團隊成績為榮	

7. 求知動機（Epistemic Motivation）的測量

本研究測量求知動機的量表是在 De Dreu 和 West（2001）、Carsten 等（2007）開發的「系統信息加工動機」量表基礎上，結合本研究目標加以修改而得的，採用 5 點刻度，「1」表示程度很低，「5」表示程度很高。題項共有 3 個，如表 5-8 所示。

表 5-8　　　　　　　求知動機（EM）的測量

編號	題項	來源
EM1	在決策討論中，您提出的每一個方案都是經過深入思考的	De Dreu & West（2001）、Carsten 等（2006）
EM2	在決策過程中，您會思考對方為什麼會提出某種方案	
EM3	在決策過程中，您將努力做出全面、平衡的決策	

8. 自我效能感（Perceived Self-efficacy）的測量

本研究測量自我效能感的量表是在 Schwarzer（1997）、王才康等（2000）開發的量表基礎上，結合本研究目標加以修改而得的，採用 5 點刻度，「1」表示程度很低，「5」表示程度很高。題項共有 4 個，如表 5-9 所示。

表 5-9　　　　　　　自我效能感（PSE）的測量

編號	題項	來源
PSE1	您自信能有效地應付任何突如其來的問題	Schwarzer（1997）、王才康等（2000）
PSE2	即使別人反對您，您仍有辦法取得您所要的結果	
PSE3	您能冷靜地面對困難，因為您信賴自己處理問題的能力	
PSE4	面對難題時，您通常能找到幾個解決方法	

5.4　研究設計

5.4.1　研究程序

在重慶、成都和西安數所高校 MBA 教育中心的大力支持下，本研究首先依據跨國企業的界定，以被調查者是否能夠參與跨國企業重大決策的高層管理者為條件，對在讀高級管理人員工商管理碩士生（EMBA）和工商管理碩士生（MBA）進行篩選，因為較多的 MBA 學生不滿足此項條件，最終符合此條件的只有 115 位。然後通過這 115 位同學獲取了他們所在企業同屬高層管理團隊的其他成員（包括外籍管理人員）的郵件地址。隨後向符合條件的 603 名研究對象通過 E-mail 的形式發放了調查問卷。調查時間為 2014 年 9 月至 2015 年 3 月。

由於本研究以團隊作為研究對象，需要以團隊為單位進行數據回收。所以

當個體成員填寫完問卷並反饋後，對同屬一個團隊的每份問卷都進行了標註，以保證以團隊為單位成套回收。在發放調查問卷時，一再強調本調查問卷的數據僅用於學術研究，被調查者填寫的內容會絕對保密，以盡可能地提高問卷填寫的真實性。

為了保證數據質量，需要對回收回來的問卷進行檢查，按照以下標準對無效問卷進行了剔除：第一，對問卷中有 5 處以上題項因漏填而致使數據缺失過多的問卷予以剔除；第二，對問卷中所選題項呈現出明顯規律性的予以剔除（例如，整篇保持同樣的選擇或連續地勾選 1、2、3、4、5）；第三，同一團隊的問卷中存在明顯雷同的僅保留一份，其他問卷均被視為無效問卷。按以上標準對個體單份問卷進行有效性篩選後，再以團隊為單位整理成套問卷。為確保每個團隊至少包含 3 名成員且 3 名成員中至少包含 1 名外籍成員，如果同一團隊的有效問卷不滿足於此條件，則該團隊也將被剔除。經過對個體單份問卷和團隊成套問卷的檢查，最終可用於數據分析的共有來自於 87 個團隊的 392 份有效問卷。

5.4.2 信度和效度分析

信度和效度分析的相關理論和標準在第四章中已經被詳細介紹，這裡就只列舉相關數據直接進行分析。

1. 信度分析

（1）對任務衝突的 CITC 分析和信度檢驗。如表 5-10 所示，任務衝突的所有測量題項的 CITC 值均大於 0.7，超過了 0.3 的標準；Alpha if Item Deleted 值也表明在任務衝突量表中，刪減任何題項，量表的 Cronbach's α 值都不會有明顯改變。最終任務衝突整體測量表的 Cronbach's α 為 0.827，表明該測量量表信度良好。

表 5-10　　任務衝突（TC）的 CITC 分析和信度檢驗

Item	CITC	Alpha if Item Deleted	Cronbach's α
TC1	0.785	0.833	0.827
TC2	0.821	0.846	
TC3	0.864	0.848	

（2）對決策質量的 CITC 分析和信度檢驗。如表 5-11 所示，決策質量的所有測量題項的 CITC 值均大於 0.6，超過了 0.3 的標準；Alpha if Item Deleted

值也表明在決策質量量表中，刪減任何題項，量表的 Cronbach's α 值都不會有明顯改變。最終決策質量整體測量表的 Cronbach's α 為 0.815，表明該測量量表信度良好。

表 5-11　　決策質量（DMQ）的 CITC 分析和信度檢驗

Item	CITC	Alpha if Item Deleted	Cronbach's α
DMQ1	0.741	0.841	
DMQ2	0.789	0.839	0.815
DMQ3	0.633	0.832	

（3）對決策承諾的 CITC 分析和信度檢驗。如表 5-12 所示，決策承諾的所有測量題項的 CITC 值均大於 0.7，超過了 0.3 的標準；Alpha if Item Deleted 值也表明在決策承諾量表中，刪減任何題項，量表的 Cronbach's α 值都不會有明顯改變。最終決策承諾整體測量表的 Cronbach's α 為 0.883，表明該測量量表信度良好。

表 5-12　　決策承諾（DMC）的 CITC 分析和信度檢驗

Item	CITC	Alpha if Item Deleted	Cronbach's α
DMC1	0.724	0.903	
DMC2	0.731	0.910	0.883
DMC3	0.755	0.872	
DMC4	0.776	0.906	

（4）對信任的 CITC 分析和信度檢驗。如表 5-13 所示，信任的所有測量題項的 CITC 值均大於 0.7，超過了 0.3 的標準；Alpha if Item Deleted 值也表明在信任量表中，刪減任何題項，量表的 Cronbach's α 值都不會有明顯改變。最終對信任整體測量表的 Cronbach's α 為 0.913，表明該測量量表信度良好。

表 5-13　　信任（T）的 CITC 分析和信度檢驗

Item	CITC	Alpha if Item Deleted	Cronbach's α
T1	0.853	0.912	
T2	0.796	0.932	
T3	0.782	0.915	0.913
T4	0.803	0.913	
T5	0.772	0.916	

（5）對感知團隊氛圍的 CITC 分析和信度檢驗。如表 5-14 所示，感知團隊氛圍的所有測量題項的 CITC 值均大於 0.6，超過了 0.3 的標準；Alpha if Item Deleted 值也表明在感知團隊氛圍量表中，刪減任何題項，量表的 Cronbach's α 值都不會有明顯改變。最終感知團隊氛圍整體測量表的 Cronbach's α 為 0.864，表明該測量量表信度良好。

表 5-14　感知團隊範圍（PTC）的 CITC 分析和信度檢驗

Item	CITC	Alpha if Item Deleted	Cronbach's α
PTC1	0.767	0.834	0.844
PTC2	0.659	0.825	
PTC3	0.782	0.824	
PTC4	0.867	0.839	

（6）對團隊情商的 CITC 分析和信度檢驗。如表 5-15 所示，團隊情商的所有測量題項的 CITC 值均大於 0.7，超過了 0.3 的標準；Alpha if Item Deleted 值也表明在團隊情商量表中，刪減任何題項，量表的 Cronbach's α 值都不會有明顯改變。最終團隊情商整體測量表的 Cronbach's α 為 0.887，表明該測量量表信度良好。

表 5-15　團隊情商（TEI）的 CITC 分析和信度檢驗

Item	CITC	Alpha if Item Deleted	Cronbach's α
TEI1	0.767	0.903	0.887
TEI2	0.759	0.892	
TEI3	0.782	0.874	
TEI4	0.863	0.911	
TEI5	0.833	0.902	

（7）對求知動機的 CITC 分析和信度檢驗。如表 5-16 所示，求知動機的所有測量題項的 CITC 值均大於 0.6，超過了 0.3 的標準；Alpha if Item Deleted 值也表明在求知動機量表中，刪減任何題項，量表的 Cronbach's α 值都不會有明顯改變。最終求知動機整體測量表的 Cronbach's α 為 0.804，表明該測量量表信度良好。

表 5-16　　求知動機（EM）的 CITC 分析和信度檢驗

Item	CITC	Alpha if Item Deleted	Cronbach's α
EM1	0.758	0.801	
EM2	0.672	0.817	0.804
EM3	0.764	0.824	

（8）對自我效能感的 CITC 分析和信度檢驗。如表 5-17 所示，自我效能感的所有測量題項的 CITC 值均大於 0.7，超過了 0.3 的標準；Alpha if Item Deleted 值也表明在自我效能感量表中，刪減任何題項，量表的 Cronbach's α 值都不會有明顯改變。最終自我效能感整體測量表 Cronbach's α 為 0.863，表明該測量量表信度良好。

表 5-17　　自我效能感（PSE）的 CITC 分析和信度檢驗

Item	CITC	Alpha if Item Deleted	Cronbach's α
PSE1	0.825	0.854	
PSE2	0.814	0.878	
PSE3	0.768	0.876	0.863
PSE4	0.774	0.858	

2. 效度分析

如表 5-18 所示，上述整體測量模型的絕對擬合指數 χ^2/df 都小於 3，在可接受的界值範圍內；RMSEA 值為 0.05~0.08，為「不錯的適配」；而相對擬合指標 NFI、IFI、CFI 都大於 0.9。因此可以認為，上述測量模型擬合度良好，均有效。

表 5-18　　測量量表效度分析結果

變量	χ^2/df	RMSEA	NFI	IFI	CFI
任務衝突	2.413	0.077	0.911	0.912	0.907
決策質量	1.868	0.061	0.904	0.906	0.905
決策承諾	2.743	0.077	0.936	0.984	0.942
信任	2.115	0.067	0.972	0.974	0.965
感知團隊氛圍	1.879	0.062	0.914	0.921	0.931

表5-18(續)

變量	χ2/df	RMSEA	NFI	IFI	CFI
團隊情商	2.475	0.072	0.922	0.926	0.931
求知動機	1.599	0.052	0.983	0.994	0.993
自我效能感	2.427	0.071	0.933	0.925	0.936

5.4.3 數據聚合

數據聚合的相關理論和標準在第四章中已經做了詳細介紹，這裡只列舉相關數據直接進行分析。

如表5-19所示，本研究計算出的各變量的Rwg、ICC（1）、ICC（2）的值都符合了Rwg>0.70、ICC（1）>0.05、ICC（2）>0.50的條件，滿足了匯聚條件。以上分析表明本研究中可以將任務衝突、決策質量、決策承諾、信任、感知團隊氛圍、團隊情商、求知動機、自我效能感等多個數據由個體層面聚合到團隊層面。

表5-19　　各變量的數據聚合檢驗指標總匯

變量	Rwg	ICC（1）	ICC（2）
任務衝突	0.854	0.291	0.672
決策質量	0.952	0.214	0.739
決策承諾	0.934	0.158	0.678
信任	0.831	0.162	0.692
感知團隊氛圍	0.742	0.227	0.708
團隊情商	0.883	0.263	0.683
求知動機	0.914	0.185	0.691
自我效能感	0.896	0.245	0.773

5.5　研究結果

本研究採用SPSS19.0統計軟件對數據進行整理和分析，通過相關和迴歸的結果對上文中的假設進行檢驗，並對假設做出判斷。

5.5.1 樣本描述

本研究最終可用於數據分析的共有來自於 87 個跨國公司團隊的 392 份有效問卷。其中，被調查團隊的一些基本情況如表 5-20 所示。在 87 個團隊中，團隊規模在 5 人及以下的有 34 個，占總數的 39.1%；團隊規模在 6 人及以上的有 53 個，占總數的 60.9%。團隊存續時間為 6 個月及以下的有 18 個，占總數的 21.7；團隊存續時間為 6 個月以上，1 年以下的有 31 個，占總數的 35.6%；團隊存續時間為 1 年及以上的有 38 個，占總數的 43.7%。團隊所在企業的性質屬於國有或國有控股的有 48 個，占總數的 55.2%；團隊所在企業的性質屬於民營或民營控股的有 27 個，占總數的 31%；團隊所在企業的性質屬於外資或外資控股的有 12 個，占總數的 13.8%。團隊所在企業涉及的行業較多，其中涉及製造業的有 40 個，占總數的 46.0%，這可能是由於絕大多數的調查對象都是重慶、西安地區的，而重慶、西安又以製造業為主；涉及 IT 業的有 14 個，占總數的 16.1%；涉及金融業的有 11 個，占總數的 12.6%；涉及批發零售業的有 10 個，占總數的 11.6%；涉及住宿、餐飲業的有 5 個，占總數的 5.7%；涉及其他行業的有 7 個，占總數的 8%。

被調查者的一些基本信息的狀況如表 5-21 所示。在 392 位被調查者中，有 308 位為男性，占總數的 78.6%；有 84 位為女性，占總數的 21.4%。被調查者的年齡多分佈在 30~50 歲。31~40 歲的占到總數的 32.9%，41~50 歲的占到總數的 41.8%，50 歲以上的占到總數的 17.1%，而 30 歲以下的僅占 8.2%。從文化程度上看，本調查者獲得本科以上學歷的占到絕大多數，獲得本科學位的占到總數的 44.1%，獲得碩士學位的占到 30.4%，獲得博士學位的占到 11%，而本科以下的占總數的 14.5%。

表 5-20　　　　　　　　被調查團隊的基本信息統計

統計內容	測量編碼	內容分類	團隊個數（個）	所占比例（%）
團隊規模	1	5 人及以下	34	39.1
	2	6 人及以上	53	60.9
團隊存續時間	1	6 個月及以下	18	21.7
	2	6 個月以上 1 年以下	31	35.6
	3	1 年及以上	38	43.7

表5-20(續)

統計內容	測量編碼	內容分類	團隊個數（個）	所占比例（%）
企業性質	1	國有（控股）企業	48	55.2
	2	民營（控股）企業	27	31.0
	3	外資（控股）企業	12	13.8
所屬行業	1	製造業	40	46.0
	2	住宿和餐飲業	5	5.7
	3	金融業	11	12.6
	4	IT業	14	16.1
	5	批發零售業	10	11.5
	6	其他	7	8.1

表5-21　　　　　　　　被調查者的基本信息統計

統計內容	測量編碼	內容分類	樣本人數（人）	所占比例（%）
性別	1	男	308	78.6
	2	女	84	21.4
年齡	1	30歲及以下	32	8.2
	2	31~40歲	129	32.9
	3	41~50歲	164	41.8
	4	50歲以上	67	17.1
文化程度	1	本科以下	57	14.5
	2	本科	173	44.1
	3	碩士	119	30.4
	4	博士	43	11.0

5.5.2 控製變量對因變量的影響分析

本研究模型中除關鍵自變量會對因變量產生影響之外，還有一些團隊的基本特徵變量也可能對因變量產生影響。由於這些潛在的影響效果並非本研究的考察重點，因此在本研究中將把這些變量設定為控製變量，僅在研究中進行簡

單的方差分析。

鑒於本研究主要針對的是團隊層面的衝突活動和績效評價，因此考慮的控製變量也主要是針對團隊的一些基本特徵，包括團隊規模、團隊所在企業的性質以及團隊所處的行業等；而僅針對於個體層面的性別、年齡、學歷等人口基本統計信息對因變量所產生的影響就沒有在考慮範圍之列了。

本研究中涉及的控製變量均為分類型自變量，因此將通過單因素方差分析對這些控製變量所產生的影響進行檢驗。

1. 團隊規模的影響分析

鑒於高層管理團隊一般人數較少，通常為 3~10 人左右，因此本研究將團隊規模分為 5 人及以下和 6 人及以上兩組，採用單因素方差分析方法判斷不同人數規模的團隊中決策績效（包括決策質量、決策承諾）是否存在顯著的差異。

如表 5-22 所示，在置信度為 95%的水平上，團隊規模對因變量均不存在顯著的影響，也就是不同規模的團隊在決策質量和決策承諾方面的表現不存在明顯的差別。

表 5-22　　　　　　　　團隊規模對因變量的影響

	平方和	均值差異檢驗		方差齊性檢驗	
		F 值	Sig.	Sig.	是否齊性
決策質量	0.553	1.674	0.199	0.516	是
決策承諾	0.315	1.006	0.319	0.400	是

2. 團隊存續時間對因變量的影響

本研究按照短期、中期、長期的劃分標準把團隊按存續時間長短分為 3 組：6 個月及以下、6 個月以上 1 年以下、1 年及以上，並採用單因素方差分析方法判斷不同存續時間的團隊中決策績效（包括決策質量、決策承諾）是否存在顯著的差異。

如表 5-23 所示，在置信度為 95%的水平上，團隊存續時間對因變量均不存在顯著的影響，也就是不同存續時間的團隊在決策質量和決策承諾方面的表現不存在明顯的差別。

表 5-23　　　　　　　　團隊存續時間對因變量的影響

	平方和	均值差異檢驗 F值	均值差異檢驗 Sig.	方差齊性檢驗 Sig.	方差齊性檢驗 是否齊性
決策質量	1.649	2.566	0.131	0.083	是
決策承諾	1.028	1.668	0.269	0.195	是

3. 企業性質對因變量的影響

本研究按照企業性質的不同把團隊劃分為 3 組：國有（控股）企業、民營（控股）企業和外資（控股）企業，並採用單因素方差分析方法判斷不同企業性質的團隊中決策績效（包括決策質量、決策承諾）是否存在顯著的差異。

如表 5-24 所示，在置信度為 95% 的水平上，企業性質對因變量均不存在顯著的影響，也就是不同企業性質的團隊在決策質量和決策承諾方面的表現不存在明顯的差別。

表 5-24　　　　　　　　企業性質對因變量的影響

	平方和	均值差異檢驗 F值	均值差異檢驗 Sig.	方差齊性檢驗 Sig.	方差齊性檢驗 是否齊性
決策質量	0.475	0.709	0.495	0.525	是
決策承諾	0.789	1.268	0.287	0.354	是

4. 所屬行業對因變量的影響

本研究按照行業劃分標準把團隊劃分為 6 組：製造業、住宿餐飲業、金融業、IT 業、批發零售業和其他行業（由於教育行業、文化娛樂行業、醫療衛生行業的團隊較少，就把他們都歸入了其他行業），並採用單因素方差分析方法判斷不同行業中的團隊決策績效（包括決策質量、決策承諾）是否存在顯著的差異。

如表 5-25 所示，在置信度為 95% 的水平上，所屬行業對因變量均不存在顯著的影響，也就是不同行業的團隊在決策質量和決策承諾方面的表現不存在明顯的差別。

表 5-25　　　　　　　　　所屬行業對因變量的影響

	平方和	均值差異檢驗		方差齊性檢驗	
		F 值	Sig.	Sig.	是否齊性
決策質量	2.182	1.100	0.370	0.233	是
決策承諾	2.495	1.363	0.240	0.852	是

鑑於上述控制變量對於因變量都不具有顯著影響，所以在後續的驗證調節變量作用的研究中，就不再將這些控制變量納入研究範疇。

5.5.3　調節作用的假設檢驗

任務衝突和決策績效之間的關係可能存在三種情況：正相關關係、負相關關係和沒有顯著關係，而情境因素的正向調節作用表現為：當任務衝突和決策績效呈正相關關係時，情境因素要能增強二者的正相關關係；或者當任務衝突和決策績效呈負相關關係時，情境因素要能減弱二者的負相關關係；或者當任務衝突和決策績效沒有顯著關係時，情境因素要能促使二者向正相關關係發展。所以，應首先檢驗任務衝突和決策績效之間的關係，而後再確定各個情境因素的調節作用。

1. 任務衝突和決策績效的關係

本研究以任務衝突為自變量，對因變量決策質量、決策承諾做迴歸分析，結果如表 5-26 所示。

表 5-26　　　　　　　　　　　　迴歸結果

	決策質量	決策承諾
任務衝突 F ΔR^2	0.508[**] 29.591[**] 0.258	0.555[**] 37.799[**] 0.308

註：「**」表示在 0.01 顯著水平上相關。

從迴歸結果可以看出，任務衝突和決策質量的 β 值為 0.508（Sig. < 0.01），且 F 值為 29.591（Sig. <0.01），說明任務衝突對決策質量的正向影響非常顯著。任務衝突和決策承諾的 β 值為 0.555（Sig. <0.01），且 F 值為 37.799（Sig. <0.01），說明任務衝突對決策承諾的正向影響也非常顯著。因此，在本次問卷調查的實證分析中，任務衝突和決策績效存在非常顯著的正相關關係。

既然任務衝突和決策績效呈正相關,那麼情境因素的正向作用就表現為能增強二者的正相關關係。在隨後對情境因素的甄選過程中,只要情境因素能對任務衝突和決策績效的關係表現出顯著的正向影響,就符合了本研究的甄選條件。

2. 各變量調節作用的假設檢驗

為檢驗各情境變量對於「任務衝突—團隊決策績效」之間關係的調節作用,本研究採用層級迴歸方法,主要遵循劉軍(2008)提出的判定調節作用的條件及步驟:首先將自變量、調節變量和因變量做均值中心化轉換,然後分兩步進行效應檢驗:①在迴歸方程中引入自變量和調節變量,預測決策績效;②在迴歸方程中,加入自變量和調節變量交互作用項,預測決策績效。通過檢測交互作用項的迴歸系數是否顯著來驗證調節變量的調節效應是否成立。

(1)信任調節作用的假設檢驗。按照上述步驟,將自變量任務衝突和調節變量信任引入預測決策績效的迴歸模型,得出的結果如表5-27所示。任務衝突與信任的交互項對因變量決策質量存在顯著的正向影響($\beta=0.100$,$P=0.036<0.05$),對因變量決策承諾也存在顯著的正向影響($\beta=0.098$,$P=0.041<0.05$)。因此,假設H5得到驗證,信任在任務衝突對決策質量、決策承諾的影響中都起著顯著的正向調節作用。

表5-27　　　　　　　　　信任調節作用的迴歸結果

	決策質量		決策承諾	
	Step1	Step2	Step1	Step2
任務衝突	0.401**	0.430**	0.453**	0.481**
信任	0.759**	0.762**	0.724**	0.727**
任務衝突×信任		0.100*		0.098*
ΔR^2	0.823**	0.009*	0.822**	0.009*

註:「**」表示在0.01顯著水平上相關,「*」表示在0.05顯著水平上相關。

(2)感知團隊氛圍調節作用的假設驗證。按照上述步驟,將自變量任務衝突和調節變量感知團隊氛圍引入預測決策績效的迴歸模型,得出的結果如表5-28所示。任務衝突與團隊氛圍的交互項對因變量決策質量存在顯著的正向影響($\beta=0.147$,$P=0.041<0.05$),但對因變量決策承諾卻不存在顯著影響($\beta=0.115$,$P=0.110>0.05$)。因此,假設H6只得到部分驗證,感知團隊氛圍在任務衝突對決策質量影響中起著顯著的正向調節作用,但在任務衝突對決策承諾影響中卻不存在明顯的作用。

表 5-28　　　　　感知團隊氛圍調節作用的迴歸結果

	決策質量		決策承諾	
	Step1	Step2	Step1	Step2
任務衝突	0.274**	0.307**	0.337**	0.363**
團隊氛圍	0.661**	0.702**	0.616**	0.648**
任務衝突×團隊氛圍		0.147*		0.115
ΔR^2	0.641**	0.018*	0.640**	0.011

註：「**」表示在 0.01 顯著水平上相關，「*」表示在 0.05 顯著水平上相關。

（3）團隊情商調節作用的假設驗證。按照上述步驟，將自變量任務衝突和調節變量團隊情商引入預測決策績效的迴歸模型，得出的結果如表 5-29 所示。任務衝突與團隊情商的交互項對因變量決策質量不存在顯著影響（β = 0.041, P = 0.594>0.05），對因變量決策承諾也不存在顯著影響（β = 0.020, P = 0.793>0.05）。因此，假設 H7 沒有得到驗證，團隊情商在任務衝突對決策質量、決策承諾的影響中並沒有起到正向調節作用。

表 5-29　　　　　團隊情商調節作用的迴歸結果

	決策質量		決策承諾	
	Step1	Step2	Step1	Step2
任務衝突	0.244**	0.251**	0.302**	0.305**
團隊情商	0.610**	0.618**	0.584**	0.588**
任務衝突×團隊情商		0.041		0.020
ΔR^2	0.560**	0.002	0.585**	0.000

註：「**」表示在 0.01 顯著水平上相關。

（4）求知動機調節作用的假設檢驗。按照上述步驟，將自變量任務衝突和調節變量求知動機引入預測決策績效的迴歸模型，得出的結果如表 5-30 所示。任務衝突與求知動機的交互項對因變量決策質量存在顯著的正向影響（β = 0.124, P = 0.010<0.05），對因變量決策承諾也存在顯著的正向影響（β = 0.119, P = 0.010<0.05）。因此，假設 H8 得到驗證，求知動機在任務衝突對決策質量、決策承諾的影響中都起著顯著的正向調節作用。

表 5-30　　　　　　　　求知動機調節作用的迴歸結果

	決策質量		決策承諾	
	Step1	Step2	Step1	Step2
任務衝突	0.368**	0.409**	0.419**	0.458**
求知動機	0.765**	0.777**	0.743**	0.754**
任務衝突×求知動機		0.124*		0.119*
ΔR^2	0.824**	0.013*	0.841**	0.012*

註：「**」表示在0.01顯著水平上相關，「*」表示在0.05顯著水平上相關。

（5）自我效能感調節作用的假設驗證。按照上述步驟，將自變量任務衝突和調節變量自我效能感引入預測決策績效的迴歸模型，得出的結果如表5-31所示。任務衝突與自我效能感的交互項對因變量決策質量不存在顯著影響（β＝0.078，P＝0.245＞0.05），對因變量決策承諾也不存在顯著影響（β＝0.078，P＝0.262＞0.05）。因此，假設H9沒有得到驗證，自我效能感在任務衝突對決策質量、決策承諾的影響中並沒有起到正向調節作用。

表 5-31　　　　　　　　自我效能感調節作用的迴歸結果

	決策質量		決策承諾	
	Step1	Step2	Step1	Step2
任務衝突	0.280**	0.299**	0.346**	0.365**
自我效能感	0.695**	0.717**	0.638**	0.659**
任務衝突×自我效能感		0.078		0.078
ΔR^2	0.690**	0.005	0.671**	0.005

註：「**」表示在0.01顯著水平上相關。

5.6　結果討論

本研究借鑑了相關實證研究所廣泛採用的測量量表，編制了所需的調查問卷，在保證調查問卷信度、效度的基礎上，對不同行業的高管團隊成員進行了調查並收集到若干有效數據，並通過統計軟件對數據進行迴歸分析，對上述各項研究假設進行檢驗，最終從5個情境變量中甄選出對中國跨國企業高管團隊「任務衝突—決策績效」具有顯著正向調節作用的2個變量——信任和求知動

機（見表5-32）。這不僅是以中國跨國企業高管團隊為專門研究對象進行的一次有益的嘗試，甄選出了最適合中國跨國企業高管團隊衝突現狀的情境因素；而且也為後續實驗的進一步研究起到了鋪墊作用，可以進一步研究挑選出來的的調節變量對「任務衝突—關係衝突—決策績效」的具體調節過程。

表5-32　　　　　　　　　本研究假設檢驗結果

研究假設		檢驗結果
H5	H5：團隊任務衝突和決策績效呈顯著正相關時，信任對二者的正相關關係具有正向調節作用	成立
	H5a：團隊任務衝突和決策質量呈顯著正相關時，信任對二者的正相關關係具有正向調節作用	成立
	H5b：團隊任務衝突和決策績效呈顯著正相關時，信任對二者的正相關關係具有正向調節作用	成立
H6	H6：團隊任務衝突和決策績效呈顯著正相關時，感知團隊氛圍對二者的正相關關係具有正向調節作用	部分成立
	H6a：團隊任務衝突和決策質量呈顯著正相關時，感知團隊氛圍對二者的正相關關係具有正向調節作用	成立
	H6b：團隊任務衝突和決策績效呈顯著正相關時，感知團隊氛圍對二者的正相關關係具有正向調節作用	不成立
H7	H7：團隊任務衝突和決策績效呈顯著正相關時，團隊情商對二者的正相關關係具有正向調節作用	不成立
	H7a：團隊任務衝突和決策質量呈顯著正相關時，團隊情商對二者的正相關關係具有正向調節作用	不成立
	H7b：團隊任務衝突和決策績效呈顯著正相關時，團隊情商對二者的正相關關係具有正向調節作用	不成立
H8	H8：團隊任務衝突和決策績效呈顯著正相關時，求知動機對二者的正相關關係具有正向調節作用	成立
	H8a：團隊任務衝突和決策質量呈顯著正相關時，求知動機對二者的正相關關係具有正向調節作用	成立
	H8b：團隊任務衝突和決策績效呈顯著正相關時，求知動機對二者的正相關關係具有正向調節作用	成立
H9	H9：團隊任務衝突和決策績效呈顯著正相關時，自我效能感對二者的正相關關係具有正向調節作用	不成立
	H9a：團隊任務衝突和決策質量呈顯著正相關時，自我效能感對二者的正相關關係具有正向調節作用	不成立
	H9b：團隊任務衝突和決策績效呈顯著正相關時，自我效能感對二者的正相關關係具有正向調節作用	不成立

本研究的部分假設得到了實證研究結果的支持，有的卻沒有得到驗證。究

其原因,具體分析如下:

1. 信任、感知團隊氛圍和團隊情商的調節作用探討

信任、感知團隊氛圍和團隊情商關注的是團隊層面的感性互動情境,三者都考察的是團隊人際方面情感的潛在影響。通過實證分析可知,信任、感知團隊氛圍和團隊情商對「任務衝突—團隊決策績效」的調節作用存在一定差別。信任能夠切實地對「任務衝突—決策績效」之間的關係起到顯著的正向調節作用,感知團隊氛圍能夠部分地對「任務衝突—決策績效」之間的關係起到正向調節作用,但團隊情商對「任務衝突—決策績效」的關係沒有顯著的調節作用。相較於團隊氛圍和團隊情商,信任的調節作用更為顯著。

提高決策績效必須有足夠的信息分享和加工,而相互的猜疑成為制約信息加工的最大因素之一(Simons & Peterson, 2000)。相互的猜疑不僅會使成員在接受信息、利用信息方面有所保留,而且還會對成員在任務內容上的分歧進行「錯誤歸因」,導致偏向性的信息加工,影響最終決策績效。而要消除猜疑,根本是要在成員之間建立起彼此的信任。因此,信任對「任務衝突—決策績效」關係的有利調節作用是最為直接的。相比較而言,團隊氛圍和團隊情商雖然也包含信任的要素,但其強調的重點不一樣,因而其調節作用就有一定的間接性。團隊氛圍側重於強調共同目標的認識和溝通規範,團隊情商側重於培養控製情緒的能力以形成良好的團隊情緒,這些方面對「任務衝突—決策績效」關係的調節作用較為間接。

此外,信任在「任務衝突—決策績效」的關係上起到顯著的正向調節作用還與中國的信任文化有一定關係。在大部分西方經濟學家的眼裡,中國文化屬於低信任文化(Weber, 1951;Redding, 1990;福山, 1998)。他們認為中國人之間存在明顯的不信任;信任只局限於親人之間,對於外人則更多的是猜疑和不信任。如果團隊成員之間關係一般,沒有建立起足夠信任,就會彼此猜疑。但是反之,一旦團隊成員之間能夠突破「家族」的限制,在團隊內部建立起足夠信任,那麼信任在「任務衝突—決策績效」關係上所發揮的正向調節作用就會非常顯著。

2. 求知動機和自我效能感的調節作用探討

求知動機和自我效能感關注的是團隊層面的理性互動情境,二者考察的是團隊認知能力的潛在影響。通過以中國跨國企業高管團隊為研究對象進行的實證分析可知,求知動機和自我效能感對「任務衝突—團隊決策績效」的調節作用存在一定差別。求知動機能夠切實地對「任務衝突—決策績效」之間的關係起到顯著的正向調節作用,但自我效能感對「任務衝突—決策績效」的

關係沒有顯著的調節作用。為什麼相較自我效能感，求知動機的調節作用更為顯著呢？

提高決策績效必須要有足夠的信息分享和加工，求知動機正好決定著團隊信息加工的深度。在高認知動機的驅動下，團隊成員會高度關注討論過程並採取詳盡的系統式信息加工，聚焦於信息，進行充分、系統性地交流和整合。而自我效能感不是技能，也不是能力，只是個體對完成特定任務所具有的行為能力的自信程度。雖然這種自信也能促使成員把注意焦點放在尋找有用的信息上，主動尋求問題的解決方法，但不如求知動機直接，對信息的分享和加工的促進作用會稍遜一籌。而且，國人普遍不是太自信，對自己樂觀自信的態度評分不高，也使得自我效能感的調節作用不明顯。

從古至今，中華民族都具有濃厚的務實精神，求知動機能切實地督促成員以過程為導向，聚焦信息處理，比自我效能感僅強調主觀能動性更能體現務實的精神，這可能也是在中國跨國企業高管團隊中，求知動機對「任務衝突—決策績效」關係的正向調節作用更為顯著的原因之一。

5.7　本章小結

本章在梳理學者們曾研究過的情境因素以及和「衝突—績效」關係較為緊密的情境因素的基礎上，提出了各情境因素對「任務衝突—決策績效」正向調節作用的相關假設。借鑑前人的測量量表編制了所需的調查問卷，並在保證調查問卷信度、效度的基礎上，對不同行業的跨國企業高管團隊成員進行了調查。通過對最終數據進行的整理和分析，對相關假設進行了檢驗，從5個情境變量中選出2個對「任務衝突—決策績效」具有顯著有利調節作用的變量，作為下一章實驗研究的調節變量；並對研究結果產生的原因做了進一步的分析和探討。

6 情境因素作用下「任務衝突—決策績效」整體模型的實驗研究

　　基於上一章的實證研究結果，對中國跨國企業高管團隊「任務衝突—決策績效」具有顯著正向調節作用的情境變量是信任和求知動機，本章將再次採用行為模擬實驗的方法，全面探討高管團隊現場決策過程中，這兩個情境因素對「任務衝突—關係衝突—獨特信息加工—決策績效」的具體調節過程，包括兩種情境因素對「任務衝突—獨特信息加工」和「任務衝突—關係衝突」的調節作用。在探明兩個情境因素調節作用的基礎上，本研究還將進一步探尋在不同信任狀態下和不同求知動機狀態下「任務衝突—決策績效」之間的關係。

6.1 模型中基本概念的界定

　　本模型中涉及的變量，如信任、求知動機、任務衝突、關係衝突、獨特信息分享、獨特信息利用、決策質量、決策承諾等，在第四章和第五章中都已經出現過；其概念的界定都可參照第四章和第五章中已有的界定方法。

6.2 研究假設推導

　　本研究依據理論層面的分析和邏輯推理，結合本研究的研究內容和目的，形成能夠表達現象間關係的研究假設以待驗證。

6.2.1 信任對「任務衝突—決策績效」的影響

　　組織成員之間的信任、組織成員對領導的信任，勢必對組織中成員的行為

態度產生影響，進而影響整個組織的行為和績效。

很多學者從信息加工的角度對信任的作用效應進行了分析。信任是個體對他人的相信程度，當團隊成員彼此的信任程度較高時，成員之間有信心彼此坦誠相待，更容易中肯、全面、敏銳和及時地捕捉有用的信息；相反，成員之間信任度低，成員間的溝通就會出現障礙，嚴重影響獨特信息的交流和分享（Dooley & Fryxell, 1999）。Kurt（1999）的研究也發現，如果團隊成員彼此間不信任，他們將把主要精力放在目標的協調上，而且即便如此也很難達成一致目標；反之，成員之間彼此信任可以促使成員更專注於團隊互動過程中的信息交流。Mayer（1995）的研究表明，高信任度的團隊中成員間的信息分享最佳。

在發掘和分享獨特信息方面，Politis（2003）從同事的信念和信心以及對管理者的信心等維度出發，認為信任可以在團隊中營造出言論自由的氛圍，促使成員間可以充分交換意見，有利於挖掘更多的獨特信息。McEvily 等（2003）認為在高度信任的團隊中，成員對他人為人處世的態度和工作能力都有一定瞭解，有助於減少對他人提供的獨特信息真實度的質疑，簡化獨特信息的獲得和理解。張濤等（2008）認為在信任度高的團隊中，成員之間情感聯繫更加緊密，已經形成了一種互惠的情感。即使成員之間就任務相關內容產生衝突時，成員也能夠充分地進行溝通，分享彼此擁有的獨特信息。

因此，基於已有研究及上述分析，本研究提出信任對團隊任務衝突和獨特信息加工關係影響的如下假設：

H10：信任對任務衝突與獨特信息加工的正向關係具有正向調節作用。

H10a：信任對任務衝突與獨特信息分享的正向關係具有正向調節作用。

H10b：信任對任務衝突與獨特信息利用的正向關係具有正向調節作用。

一些學者研究發現，對任務衝突的錯誤歸因是造成任務衝突引發關係衝突的關鍵。而之所以會造成錯誤歸因，在很大程度是因為成員之間缺乏信任。當團隊中某個成員不信任其他成員時，就很容易將別人一些模棱兩可的衝突行為當作是有險惡居心的行為，並通過自己的行為傳達出不信任；其他成員感知到這種不信任時，也會回報以不信任。在這樣一種不信任的氛圍中，往往會產生錯誤的歸因，使得任務衝突急速轉化為關係衝突。由此可見，團隊內部的信任對團隊成員如何解釋其他成員的衝突行為，以及對防止任務衝突向關係衝突轉化都起著非常重要的作用。

信任是成員對團隊可靠性和專業性的信心。如果任務衝突引發關係衝突是基於對任務衝突的「錯誤歸因」，那麼產生這種人際關係的背景——信任，就可以起到一定的調節作用。如果團隊成員之間彼此信任，當任務方面的分歧產

生時，他們通常只會圍繞任務內容展開討論，不會將任務衝突轉化為關係衝突；而如果團隊成員彼此不信任，他們就會傾向於負面地評價別人模棱兩可的行為，從而會引致關係衝突。Simons 和 Peterson（2000）在研究中成功驗證了團隊內部的信任可以有效地防止任務衝突向關係衝突轉化。Peterson 和 Behfar（2002）證實團隊內的高度信任可以緩衝關係衝突。

因此，基於已有研究及上述分析，本研究提出信任對團隊任務衝突和任務衝突關係影響的如下假設：

H11：信任對任務衝突與關係衝突的正向關係具有負向調節作用。

如果假設 H10、H11 成立，即信任不僅可以促進任務衝突和獨特信息向正向關係發展，還可以有效地遏制任務衝突向關係衝突的轉化，那麼在高信任狀態下，團隊決策過程中任務衝突不僅能促使獨特信息交流得更多，而且引發的關係衝突會大大減少；關係衝突的減少，勢必對團隊決策績效的負面影響也會大大降低。因此，在高信任狀態下，任務衝突與團隊決策質量、決策承諾之間可能具有較顯著的正向關係。結合第 4 章中的假設 H1、H2，任務衝突對獨特信息加工具有正向影響，而獨特信息加工又對團隊決策績效具有正向影響，因此本研究提出在信任度較高的狀態下，任務衝突、獨特信息加工和決策績效關係的如下假設：

H12：在信任度較高的團隊中，任務衝突通過獨特信息加工的仲介作用正向影響團隊決策績效。

H12a：在信任度較高的團隊中，任務衝突通過獨特信息分享的仲介作用正向影響團隊決策質量。

H12b：在信任度較高的團隊中，任務衝突通過獨特信息利用的仲介作用正向影響團隊決策質量。

H12c：在信任度較高的團隊中，任務衝突通過獨特信息分享的仲介作用正向影響團隊決策承諾。

H12d：在信任度較高的團隊中，任務衝突通過獨特信息利用的仲介作用正向影響團隊決策承諾。

6.2.2 求知動機對「任務衝突—決策績效」的影響

動機性信息加工理論最初是由 De Dreu 和 Carnevale（2003）針對談判領域提出來的，之後 De Dreu 等人又將該理論進一步擴展到團隊決策領域。該理論認為決策過程中信息分享的數量和質量受到求知動機和社會動機的影響。其中，求知動機是人們願意為全面、準確地瞭解某一事物而付出努力的意願

（De Dreu, et al., 2006），決定著團隊信息加工的深度，也影響著團隊決策績效。在認知動機較高的團隊中，往往採取啟發式信息加工方式和偏好驅動的信息加工方式，成員們根據自己的偏好對信息進行取捨，只對能輕易獲取的信息進行加工，使得信息加工欠缺深度，導致決策質量低下。而在認知動機較高的團隊中，則會採取詳盡的系統式信息加工和信息驅動的信息加工方式，成員會盡可能最大化地發掘相關信息，全面系統地分析、評估、整合所有的信息，從而提高決策質量。

任務衝突在團隊決策過程中可以增加信息分享、信息加工的數量；而高求知動機可以進一步促使成員將主要精力放在對各類信息的分析評估上，提高信息的加工質量和有效利用率。二者結合在一起，相得益彰。在任務衝突研究中引入求知動機變量，二者產生交互作用，有可能進一步提高團隊決策質量。

因此，基於已有研究及上述分析，本研究提出求知動機對團隊任務衝突和獨特信息加工關係影響的如下假設：

H13：求知動機對任務衝突和獨特信息加工的正向關係具有正向調節作用。

H13a：求知動機對任務衝突和獨特信息分享的正向關係具有正向調節作用。

H13b：求知動機對任務衝突和獨特信息利用的正向關係具有正向調節作用。

要避免任務衝突對決策質量的負向影響，關鍵是要使任務衝突盡量不轉化為關係衝突，根據現有文獻，行為整合（Behavioral Integration）和注意聚焦（Ability to Focus）可以在一定程度上對其起到阻止的作用。

行為整合是指成員參與團隊互動的程度，通過「信息交換共享的數量與質量」「合作性行為」和「參與式決策」三個指標來衡量（Hambrick, 1996）。Hambrick（1996）曾通過實證證明團隊內部高水平的行為整合可以保證任務衝突的積極效應得到很好的發揮，大大降低任務衝突消極轉化為關係衝突的可能。而求知動機可以促使團隊成員在決策過程中對不同信息進行充分地交流和整合，有效提高團隊內部信息分享的數量和質量；並通過信息交流提升團隊成員的任務的參與度。這對形成團隊內部高水平的行為整合是非常有效的。因而，求知動機有利於團隊內部的行為整合，因而也有利於防止任務衝突向關係衝突轉化。

從注意聚焦角度看，求知動機也有利於降低任務衝突向關係衝突轉化。Mayer 和 Gavin（2005）提出了注意聚焦的觀點，認為個體的「認知資源或注意資源」是有限的。當個體集中注意力投入到為組織增加價值的活動時，就不會分散注意力去關注其他無效的活動；而消耗有限的資源進行任務外思維或思考手頭任務外的問題，都會降低任務績效（Kanfer, et al., 1994）。當團隊成

員就任務內容存在較大的意見分歧和爭論時，求知動機會促使團隊成員把有限的認知資源放在處理和分析這些由於分歧而產生的大量信息上；而無暇去對不同意見進行錯誤的歸因，可以在一定程度上避免任務衝突引發關係衝突。

因此，基於已有研究及上述兩個觀點，本研究提出求知動機對團隊任務衝突和任務衝突關係影響的如下假設：

H14：求知動機對任務衝突和關係衝突的正向關係具有負向調節作用。

如果假設 H13、H14 成立，求知動機有利於發展任務衝突與獨特信息加工的正向關係，並能有效遏制任務衝突向關係衝突轉化，那麼在高求知動機狀態下，一方面，任務衝突與獨特信息加工的正向關係會加強；另一方面，任務衝突通過引發關係衝突而對團隊決策績效造成的負面影響也會減弱。一強一弱顯示出任務衝突與團隊決策質量、決策承諾之間可能具有較顯著的正向關係。結合第 4 章中的假設 H1、H2，可知任務衝突對獨特信息加工具有正向影響，而獨特信息加工又對團隊決策績效具有正向影響，因此本研究提出在高求知動機狀態下，任務衝突、獨特信息加工和決策績效關係的如下假設：

H15：在高求知動機的團隊中，任務衝突通過獨特信息加工的仲介作用正向影響團隊決策績效。

H15a：在高求知動機的團隊中，任務衝突通過獨特信息分享的仲介作用正向影響團隊決策質量。

H15b：在高求知動機的團隊中，任務衝突通過獨特信息利用的仲介作用正向影響團隊決策質量。

H15c：在高求知動機的團隊中，任務衝突通過獨特信息分享的仲介作用正向影響團隊決策承諾。

H15d：在高求知動機的團隊中，任務衝突通過獨特信息利用的仲介作用正向影響團隊決策承諾。

6.2.3 假設匯總

本研究在梳理和分析團隊任務衝突、決策績效、信任和求知動機影響相關理論的基礎上，針對決策現場交流的特點，研究了信任和求知動機這兩個情景因素對「任務衝突—決策績效」的具體調節過程；以及在情境因素的不同狀態下「任務衝突—決策績效」之間的關係（見圖 6-1），最終形成了 14 個假設（見表 6-1），包括 1 個驗證性假設和 13 個開拓性假設。

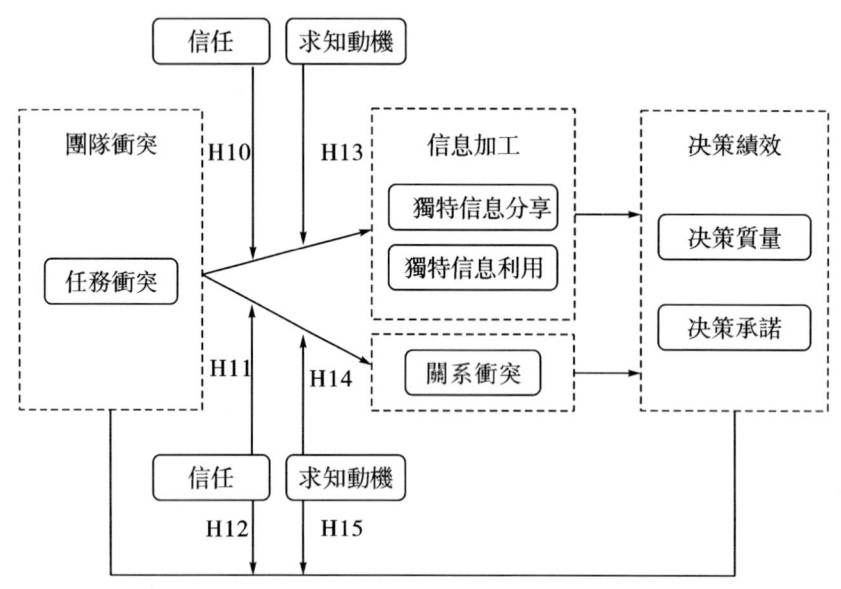

圖 6-1　情境因素作用下團隊「任務衝突—決策績效」整體模型

表 6-1　　　　　　　　　　研究假設匯總表

序號		假設	假設類型
H10	H10a	信任對任務衝突和獨特信息分享的正向關係具有正向調節作用	開拓性假設
	H10b	信任對任務衝突和獨特信息利用的正向關係具有正向調節作用	開拓性假設
H11		信任對任務衝突和關係衝突的正向關係具有負向調節作用	驗證性假設
H12	H12a	在信任度較高的團隊中，任務衝突通過獨特信息分享的仲介作用正向影響團隊決策質量	開拓性假設
	H12b	在信任度較高的團隊中，任務衝突通過獨特信息利用的仲介作用正向影響團隊決策質量	開拓性假設
	H12c	在信任度較高的團隊中，任務衝突通過獨特信息分享的仲介作用正向影響團隊決策承諾	開拓性假設
	H12d	在信任度較高的團隊中，任務衝突通過獨特信息利用的仲介作用正向影響團隊決策承諾	開拓性假設
H13	H13a	求知動機對任務衝突與獨特信息分享的正向關係具有正向調節作用	開拓性假設
	H13b	求知動機對任務衝突與獨特信息利用的正向關係具有正向調節作用	開拓性假設

表6-1(續)

序號		假設	假設類型
H14		求知動機對任務衝突和關係衝突的正向關係具有負向調節作用	開拓性假設
H15	H15a	在高求知動機的團隊中，任務衝突通過獨特信息分享的仲介作用正向影響團隊決策質量	開拓性假設
	H15b	在高求知動機的團隊中，任務衝突通過獨特信息利用的仲介作用正向影響團隊決策質量	開拓性假設
	H15c	在高求知動機的團隊中，任務衝突通過獨特信息分享的仲介作用正向影響團隊決策承諾	開拓性假設
	H15d	在高求知動機的團隊中，任務衝突通過獨特信息利用的仲介作用正向影響團隊決策承諾	開拓性假設

　　信任對任務衝突和關係衝突關係的負面影響在以往的研究中曾有所涉及，因此H11屬於假設性驗證。但信任對任務衝突和獨特信息加工關係的正面影響在以往的相關研究中雖有所提及，但僅限於理論層面，沒有開展過相應的實證分析。而對於求知動機，幾乎沒有文獻把該變量和任務衝突聯繫在一起，研究二者對獨特信息加工的共同作用。因此，H10、H13、H14都屬於開拓性假設。

　　研究任務衝突和決策績效關係的文獻雖然很多，但往往只是學者根據自己設計的研究思路得出任務衝突對決策績效有利或有弊的觀點。現有文獻都缺乏對任務衝突會引發關係衝突這一關鍵問題的思考，沒考慮到任務衝突對決策績效的正、負兩種影響會使任務衝突和決策績效之間的關係不明確。而要使任務衝突和決策績效之間呈現出明顯的關係，必須引入一定的情境因素。因此，本研究在高求知動機、高信任的狀態下，對任務衝突和決策績效之間的關係進行的假設H12、H15都屬於開拓性假設。

6.3　實驗設計

　　本研究通過設計不同程度的信任、求知動機以及任務衝突並測量團隊決策結果的多組實驗，來完成對上述理論模型和假設的實驗檢驗和驗證。

6.3.1　被試的選擇及實驗安排

　　為了模擬跨國企業中的跨文化團隊，本研究通過定向選擇和公開招募的方式選取了被試。定向選擇是從我校某幾個班級中選取了符合條件的40名學生，

以及和這些學生有共同課程的留學生 20 名；另外的 80 名中國學生被試和 40 名留學生被試是通過公開招募的方式從整個學校範圍進行選取的。選取的中國學生必須已通過大學英語 4 級考試，具有一定的英語交流能力，留學生則需要具備能進行簡單的中文交流和熟練的英文交流的能力。180 名被試按照每組 3 人、每組有且只有一名留學生的條件進行有條件的分配，組合為 40 個跨文化團隊。為避免受性別的影響，將這些學生隨機地按照「2 男 1 女」或「2 女 1 男」的方式進行分配。

本實驗將採用「3×2」實驗設計，考察在高信任、高求知動機狀態和普通狀態下「任務衝突—決策績效」的關係。其具體分組情況如表 6-2 所示。

表 6-2　　　　　　　　　不同條件下被試的分組

高信任組	高任務衝突組	成員由三名乙學院學生組成	10 個團隊
	對照組	成員由三名乙學院學生組成	10 個團隊
高求知動機組	高任務衝突組	成員由一名乙學院學生、一名丙學院學生、一名丁學院學生組成	10 個團隊
	對照組	成員由一名乙學院學生、一名丙學院學生、一名丁學院學生組成	10 個團隊
對照組	高任務衝突組	成員由一名乙學院學生、一名丙學院學生、一名丁學院學生組成	10 個團隊
	對照組	成員由一名乙學院學生、一名丙學院學生、一名丁學院學生組成	10 個團隊

6.3.2　實驗任務

鑒於被試均為大學在校學生，不具備實際工作經驗和經營能力，本研究中的實驗任務仍然採用了在第四章中曾使用過的與戰略決策相似程度較高的求生類任務。

6.3.3　實驗操控

兩輪實驗中需要操控的變量主要有三個：調節變量信任、求知動機和自變量任務衝突。

1. 信任的操控

為了滿足高信任團隊的要求，首先讓我校 2 個班級的 82 名學生分別從中國學生中選出 2 名他認為最信任的同學，從和他們共同上課的 36 名留學生中選出 2 名他最信任的留學生；再讓 36 名留學生從 82 名中國學生中分別選出 2

名他最信任的中國同學。然後經專人通過計算機程序進行配對，按照「團隊內每名成員必須是另兩名成員所列出的 3 名最信任同學之一」，以及「每個團隊必須有且只有一名留學生」的條件，挑選出 20 個三人彼此信任的團隊；最後，按照同學勾畫的最信任同學名單再次對挑選出來的 20 個三人團隊進行核對，以確保 20 個三人團隊滿足彼此信任的條件。

2. 求知動機的操控

為了滿足高求知動機團隊的要求，本研究對高求知動機組的被試實行一定的操控。具體方法是引入過程導向（Process Accountability）來衡量求知動機水平的高低。過程導向就是需要對決策達成的過程負責（Lerner & Tetlock, 1999），它能促使系統進行信息加工，抑制成員自我膨脹，降低偏向性加工的可能性，使人更深思熟慮地做出決策並解決問題（De Dreu & Van Knippenberg, 2005；Sedikides, et al., 2002）。

過程導向的具體操控方法是參照前人在實驗中已多次採用過的方法進行的（De Dreu, et al., 2000；Siegel Jacobs & Yates, 1996；Simonson & Staw, 1992）。在高求知動機組的被試會閱讀到這段說明（有中英文版本）：「實驗結束後的一周內將有一個訪問環節，有專人訪問你關於你們團隊最終決策達成的詳細過程。資料袋中有一份『訪談記錄表』，你可以將決策討論過程中的各項細節以及你的所思所想都記錄下來，以備訪問時使用。請在記錄表下方留下你的聯繫方式和方便訪問的時間，以便我們進行安排。謝謝。」

3. 任務衝突的操控

為了區分自變量任務衝突的激烈程度，本研究依然按照第四章中的方法，引入了辯證探尋法（Dialectical Inquiry）來刺激團隊中的任務衝突。

在按信任、求知動機的不同狀態進行劃分的基礎上，再把每一輪的被試平均分為高任務衝突組和對照組（見表 6-2）。對照組的成員進行完全自由的討論；而在高任務衝突組，則引入辯證探尋法以引發團隊中的任務衝突的產生。

6.3.4 實驗流程

實驗流程如下：

1. 實驗前階段（10 分鐘）

所有被試按照高任務衝突組和對照組被分別安排在 2 間大教室裡，每個被試都會看到實驗說明書（有中英文版本），包括團隊任務、實驗步驟；以及隨後參加實驗的時間安排和地點等；在其中一間教室的高任務衝突組的被試還會觀看一個關於介紹辯證探尋法的短片（有英文字幕）。

2. 個人準備階段（20分鐘）

被試按規定的時間和地點進入小測試室（屬於高信任組的被試會被事先安排好），進入三人團隊環節。三位被試的面前都放有一個信息包（有中英文版本），包括具體實驗任務和提供給每位被試的相關信息（具體的信息分類和比例見第四章）。被試需要仔細閱讀信息包中的信息，並為團隊討論作準備，但不得相互交流。屬於高求知動機組的被試還將額外閱讀一段關於過程導向的說明（即上面的楷體字）。

3. 團隊討論階段（40分鐘）

在收回相關信息材料後，三名被試按規定展開充分的交流（屬於高求知動機組的必須採用辯證探尋法），最後必須達成一致意見，並完成選擇方案和問卷調查（有中英文版本）的填寫。該階段將被錄像。

6.3.5 模型中各變量在實驗中的測量標準

模型中的各個變量，如信任、求知動機、任務衝突、關係衝突、獨特信息分享、獨特信息利用、決策質量、決策承諾等，其在實驗中的測量標準可參照第四章和第五章中已有的測量方法。

6.4 實驗數據的獲取

本研究中涉及的變量，即信任、求知動機、決策承諾等採取測量量表的方法獲取數據；任務衝突、關係衝突、獨特信息加工等採取的是由兩位評定者計數的方法獲取數據；決策質量的分數由每個團隊對物品的排序與正確排序相比較而得出。具體的數據獲取方法詳見第四章。

在本研究中，兩位評定者對任務衝突評判的斯皮爾曼相關係數為0.832，顯著相關，說明兩位評定者對任務衝突的計數具有很高的一致性；對關係衝突評判的斯皮爾曼相關係數為0.887，顯著相關，說明兩位評定者對關係衝突的計數具有很高的一致性；對至少被提及過一次的獨特信息評判的斯皮爾曼相關係數為0.907，顯著相關，說明兩位評定者對至少被提及過一次的獨特信息的計數的評定具有很高的一致性。兩位評定者對獨特信息重複次數判定的斯皮爾曼相關係數為0.899，顯著相關，說明兩位評定者對獨特信息重複次數的計數的評定具有很高的一致性。

6.5 實驗操控有效性的檢驗

本研究主要對調節變量信任、求知動機和自變量任務衝突進行了操控，在檢驗實驗操控是否具有有效性時，信任和求知動機採取的是問卷調查法，任務衝突採取的是由兩位評定者計數的方法。

實驗後對信任變量進行了單因素方差分析檢驗。結果顯示，高信任組的信任分數 M = 4.43，SD = 0.378；高於對照組的信任分數 M = 3.24，SD = 0.361。對兩組數據作 t 檢驗，結果 t 統計量的顯著性概率 P = 0.000 <0.001，顯示兩組的信任程度存在顯著差異，由此表明實驗中對信任的操控達到了預期的效果。

實驗後對求知動機變量進行了單因素方差分析檢驗，結果顯示，高求知動機組的分數 M = 4.03，SD = 0.357；高於對照組的分數 M = 3.06，SD = 0.421。對兩組數據作 t 檢驗，結果 t 統計量的顯著性概率 P = 0.000 <0.001，顯示兩組的求知動機程度存在顯著差異，由此表明實驗中對求知動機的操控達到了預期的效果。

實驗後對任務衝突變量進行了單因素方差分析檢驗，結果顯示，高任務衝突組的任務衝突數量 M = 7.350、SD = 0.632，高於對照組的任務衝突數量 M = 6.000、SD = 0.509。對兩組數據作 t 檢驗，結果 t 統計量的顯著性概率 P = 0.000 <0.001，顯示兩組的任務衝突存在顯著差異，由此表明實驗中對任務衝突的操控達到了預期的效果。

6.6 假設檢驗

6.6.1 描述性統計結果

不同實驗條件下團隊獨特信息加工和團隊決策績效的描述統計結果見表 6-3 所示。該表反應了不同實驗情境下各實驗組關係衝突、獨特信息加工和團隊決策績效的數值差別。

表 6-3　團隊任務衝突與信任影響下的結果變量平均數與標準差

		關係衝突		獨特信息分享		獨特信息利用		決策質量		決策承諾	
		M	SD	M	SD	M	SD	M	SD	M	SD
高信任組	高任務衝突組	3.500	0.408	0.842	0.076	1.320	0.103	37.600	7.706	4.433	0.387
	對照組	3.300	0.422	0.768	0.070	1.184	0.100	23.500	3.567	3.200	0.322
高求知動機組	高任務衝突組	3.500	0.333	0.856	0.044	1.297	0.090	36.300	8.551	4.266	0.493
	對照組	2.950	0.284	0.714	0.068	1.096	0.098	23.900	5.587	3.235	0.418
對照組	高任務衝突組	4.600	0.568	0.733	0.075	1.158	0.106	14.900	4.606	2.766	0.386
	對照組	3.500	0.408	0.727	0.044	1.154	0.095	19.500	3.100	2.967	0.244

6.6.2　信任的調節作用分析

對於信任的的調節作用，本研究主要通過任務衝突和信任兩個因素對獨特信息加工和關係衝突的方差分析對相關假設進行驗證。

1. 信任對任務衝突和獨特信息分享的調節作用

在檢驗信任對任務衝突和獨特信息分享的調節作用時，本研究首先進行了方差齊性檢驗，結果顯示任務衝突和信任影響的獨特信息分享（P=0.272>0.05）滿足了方差分析的前提要求。然後進行方差分析，結果表明，團隊任務衝突與獨特信息分享之間不存在顯著性差異，信任與獨特信息分享之間在0.01水平上存在顯著差異。但重要的是，任務衝突和信任之間的交互項卻沒有達到顯著水平（F=2.532,P=0.120>0.05），說明信任對任務衝突和獨特信息分享不具有顯著的調節效應。即假設H10a沒有得到驗證。

2. 信任對任務衝突和獨特信息利用的調節作用

在檢驗信任對任務衝突和獨特信息利用的調節作用時，本研究首先進行了方差齊性檢驗，結果顯示任務衝突和信任影響的獨特信息利用（P=0.677>0.05）滿足了方差分析的前提要求。然後進行方差分析，結果表明，團隊任務衝突與獨特信息利用之間在0.05水平上存在顯著性差異，信任與獨特信息利用之間在0.01水平上也存在顯著差異。更重要的是，任務衝突和信任之間的交互項也達到了顯著水平（F=4.272，P=0.046<0.05），說明信任對任務衝突和獨特信息利用具有顯著的調節效應。

為了具體體現信任對任務衝突和獨特信息利用的調節作用，研究者繪制了簡單的交互效應圖。如圖6-2所示，對比高信任和一般信任條件下的兩條斜率可知，在高信任條件下，隨著任務衝突的增加，獨特信息利用的上升趨勢非常

明顯；而在一般信任條件下，隨著任務衝突的增加，獨特信息利用的上升呈現出較為緩慢之勢。由此可見，信任對任務衝突和獨特信息利用具有顯著的正向調節作用。即假設 H10b 得到驗證。

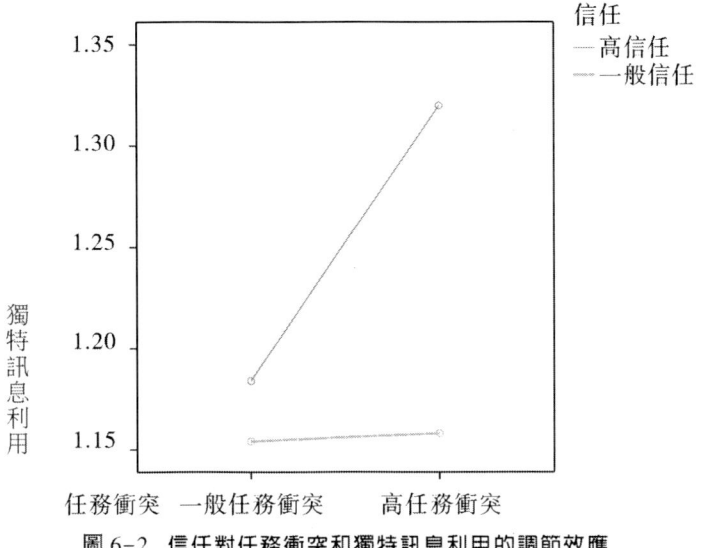

圖 6-2 信任對任務衝突和獨特訊息利用的調節效應

3. 信任對任務衝突和關係衝突的調節作用

在檢驗信任對任務衝突和關係衝突的調節作用時，本研究首先進行了方差齊性檢驗，結果顯示任務衝突和信任影響的關係衝突（P＝0.617>0.05）滿足了方差分析的前提要求。然後進行方差分析，結果表明，團隊任務衝突與關係衝突之間在 0.01 水平上存在顯著性差異，信任與關係衝突之間在 0.01 水平上也存在顯著差異。更重要的是，任務衝突和信任之間的交互項也達到了顯著水平（F＝9.720，P＝0.004<0.01），說明信任對任務衝突和關係衝突具有顯著的調節效應。

為了具體體現信任對任務衝突和關係衝突的調節作用，研究者繪製了簡單的交互效應圖。如圖 6-3 所示，對比高信任和一般信任條件下的兩條斜率可知，在高信任條件下，隨著任務衝突的增加，關係衝突的上升趨勢較為緩慢；而在一般信任條件下，隨著任務衝突的增加，關係衝突的上升非常明顯。由此可見，信任對任務衝突和關係衝突具有顯著的負向調節作用。即假設 H11 得到驗證。

圖6-3　信任對任務衝突和關係衝突的調節效應

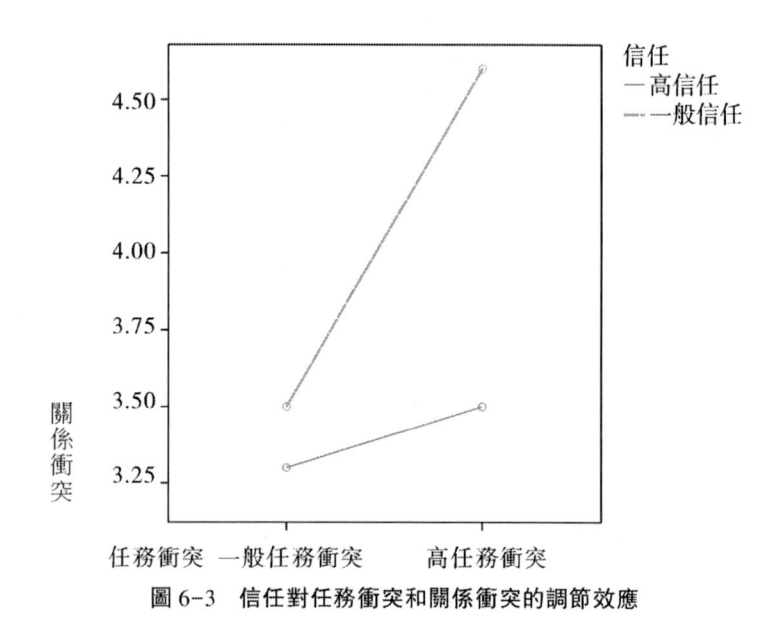

6.6.3　高信任狀態下「任務衝突和決策績效的關係」

在H10假設得到部分驗證，H11得到完全驗證的基礎上，本研究得以繼續探討在高信任狀態下任務衝突和決策績效是否存在正向關係。具體分析是：以任務衝突為自變量，以獨特信息加工為仲介變量，以決策績效為因變量，探討在高信任狀態下獨特信息加工是否對任務衝突和決策績效的正向關係起仲介作用。

本研究首先對高信任狀態下的各變量之間進行了相關分析。由相關分析可知（見表6-4），任務衝突與決策質量的相關係數為0.699（P<0.001），與決策承諾的相關係數為0.785（P<0.001），表明任務衝突和決策績效之間具有非常顯著的正向關係。任務衝突與獨特信息分享的相關係數為0.752（P<0.001），與獨特信息利用的相關係數為0.640（P<0.001），說明任務衝突與獨特信息加工之間也具有非常顯著的正向關係。而獨特信息分享、獨特信息利用也分別與決策質量、決策承諾具有非常顯著的關係。這為接下來的深入分析奠定了基礎。

表6-4　　　　　　高信任狀態下各變量之間的相關分析

	任務衝突	獨特訊息分享	獨特訊息利用	決策質量	決策承諾
任務衝突	1				

表6-4(續)

	任務衝突	獨特信息分享	獨特信息利用	決策質量	決策承諾
獨特信息分享	0.752**	1			
獨特信息利用	0.640**	0.761**	1		
決策質量	0.699**	0.745**	0.724**	1	
決策承諾	0.785**	0.779**	0.807**	0.892**	1

註：N=20。「**」表示在0.01顯著水平上相關。

在相關分析的基礎上，本研究進一步採取迴歸模型驗證任務衝突、獨特信息加工和決策績效之間的關係。

據任務衝突、獨特信息加工和決策質量的迴歸模型分析可知（見表6-5），在Model1、Model2和Model2′中，任務衝突和決策質量、獨特信息分享、獨特信息利用的迴歸系數都在0.01水平上顯著相關。在Model3和Model3′中，獨特信息分享、獨特信息利用與決策質量的迴歸系數在0.05水平上顯著相關，但任務衝突與決策質量之間都沒有呈現顯著關係。這表明在高信任狀態下，獨特信息分享、獨特信息利用在任務衝突和決策質量之間具有仲介作用，意味著獨特信息分享、獨特信息利用對任務衝突和決策質量形成正向關係起了仲介作用。即假設H12a、H12b得到驗證。

表6-5 高信任狀態下任務衝突、獨特信息加工和決策質量的迴歸結果

變量	Model 1 決策質量	Model 2 獨特信息分享	Model 2′ 獨特信息利用	Model 3 決策質量	Model 3′ 決策質量
任務衝突	0.699**	0.752**	0.640**	0.318	0.398
獨特信息分享、獨特信息利用				0.506*	0.469*
F	17.159**	23.390**	12.474**	12.726**	13.758**

註：「**」表示在0.01顯著水平上相關，「*」表示在0.05顯著水平上相關。

據任務衝突、獨特信息加工和決策承諾的迴歸模型分析可知（見表6-6），在Model1、Model2和Model2′中，任務衝突和決策承諾、獨特信息分享、獨特信息利用的迴歸系數都在0.01水平上顯著相關。在Model3中，獨特信息分享與決策承諾的迴歸系數在0.05水平上顯著相關，任務衝突與決策承諾的迴歸系數也在0.05水平上顯著相關，這說明獨特信息分享在任務衝突和決策承諾

之間的仲介效應顯著。在 Model3′中，獨特信息利用與決策承諾的迴歸系數在 0.01 水平上顯著相關，任務衝突與決策承諾的迴歸系數也在 0.01 水平上顯著相關，這說明獨特信息利用在任務衝突和決策承諾之間的仲介效應顯著。這就意味著在高信任狀態下，獨特信息分享、獨特信息利用對任務衝突和決策承諾形成正向關係起了仲介作用。即假設 H12c、H12d 得到驗證。

表 6-6 高信任狀態下任務衝突、獨特訊息加工和決策承諾的迴歸結果

變量	Model 1 決策承諾	Model 2 獨特訊息分享	Model 2′ 獨特訊息利用	Model 3 決策承諾	Model 3′ 決策承諾
任務衝突	0.785**	0.752**	0.640**	0.459*	0.455**
獨特信息分享、獨特信息利用				0.434*	0.516**
F	28.933**	23.390**	12.474**	19.687**	29.081**

註：「**」表示在 0.01 顯著水平上相關，「*」表示在 0.05 顯著水平上相關。

6.6.4 求知動機的調節作用分析

對於求知動機的調節作用，本研究主要通過任務衝突和求知動機兩個因素對獨特信息加工和關係衝突的方差分析的相關假設進行驗證。

1. 求知動機對任務衝突和獨特信息分享的調節作用

為檢驗求知動機對任務衝突和獨特信息分享的調節作用，本研究首先進行了方差齊性檢驗，結果顯示任務衝突和求知動機影響的獨特信息分享（P=0.071>0.05）滿足了方差分析的前提要求。然後進行方差分析，結果表明，團隊任務衝突與獨特信息分享之間在 0.01 水平上存在顯著性差異，求知動機與獨特信息分享之間在 0.01 水平上也存在顯著差異。更重要的是，任務衝突和求知動機之間的交互項也達到了顯著水平（F=13.159，P=0.001<0.01），說明求知動機對任務衝突和獨特信息分享具有顯著的調節效應。

為了具體體現求知動機對任務衝突和獨特信息分享的調節作用，研究者繪制了簡單的交互效應圖。如圖 6-4 所示，對比高求知動機和一般求知動機條件下的兩條斜率可知，在高求知動機條件下，隨著任務衝突的增加，獨特信息分享的上升趨勢非常明顯；而在一般求知動機條件下，隨著任務衝突的增加，獨特信息分享的上升呈現出較為緩慢之勢。由此可見，求知動機對任務衝突和獨特信息分享具有顯著的正向調節作用。即假設 H13a 得到驗證。

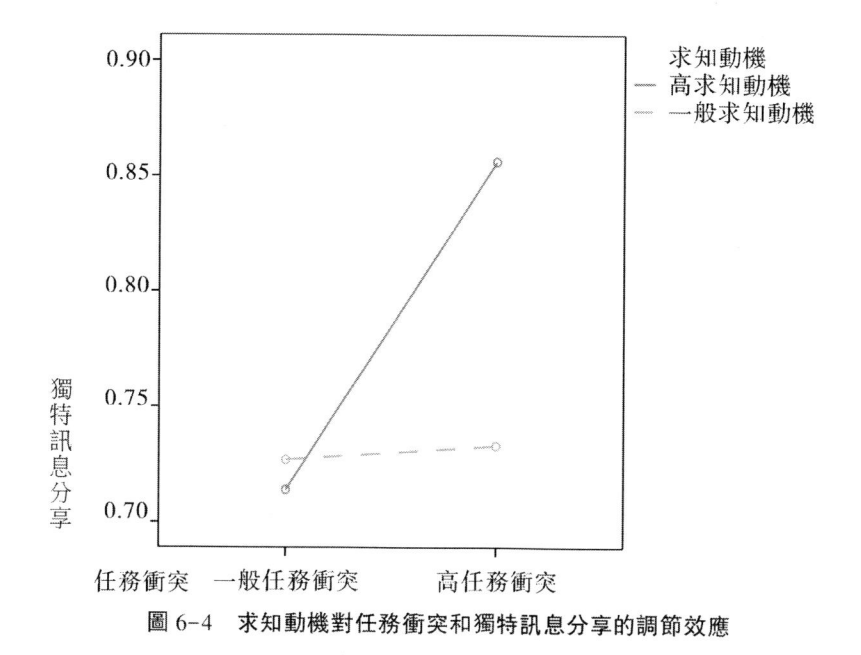

图 6-4　求知动机对任务冲突和独特讯息分享的调节效应

2. 求知动机对任务冲突和独特信息利用的调节作用

为检验求知动机对任务冲突和独特信息利用的调节作用，本研究首先进行了方差齐性检验，结果显示任务冲突和求知动机影响的独特信息利用（P=0.820>0.05）满足了方差分析的前提要求。然后进行方差分析，结果表明，团队任务冲突与独特信息利用在 0.01 水平上存在显著性差异，但求知动机与独特信息利用之间不存在显著差异。更重要的是，任务冲突和求知动机之间的交互项也达到了显著水平（F=10.235，P=0.003<0.01），说明求知动机对任务冲突和独特信息利用具有显著的调节效应。

为了具体体现求知动机对任务冲突和独特信息利用的调节作用，研究者绘制了简单的交互效应图。如图 6-5 所示，对比高求知动机和一般求知动机条件下的两条斜率可知，在高求知动机条件下，随着任务冲突的增加，独特信息利用的上升趋势非常明显；而在一般求知动机条件下，随着任务冲突的增加，独特信息利用的上升呈现出较为缓慢之势。由此可见，求知动机对任务冲突和独特信息利用具有显著的正向调节作用。即假设 H13b 得到验证。

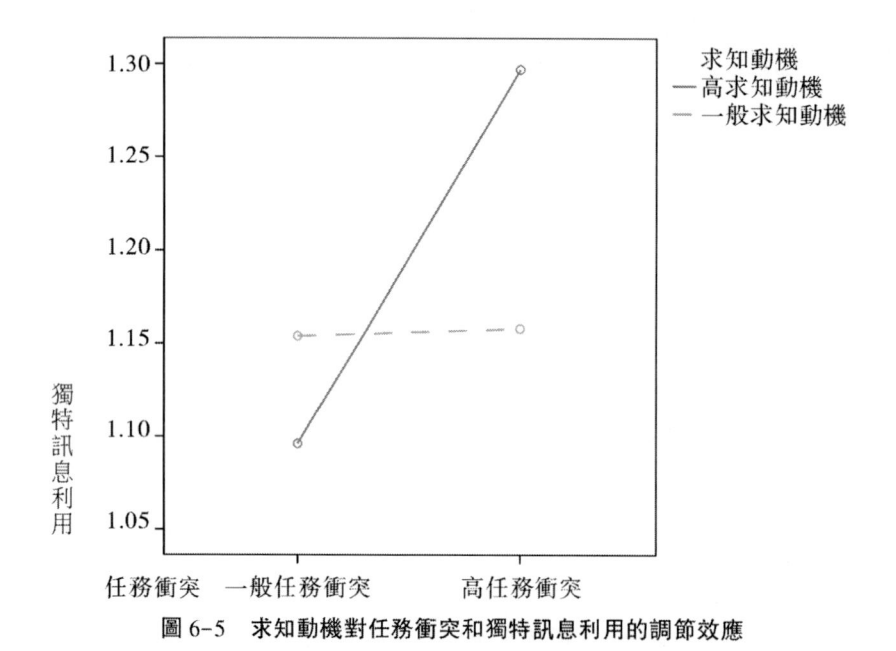

圖 6-5　求知動機對任務衝突和獨特訊息利用的調節效應

3. 求知動機對任務衝突和關係衝突的調節作用

為檢驗求知動機對任務衝突和關係衝突的調節作用，本研究首先進行了方差齊性檢驗，結果顯示任務衝突和求知動機影響的關係衝突（P=0.134>0.05）滿足了方差分析的前提要求。然後進行方差分析，結果表明，團隊任務衝突與關係衝突在0.01水平上存在顯著性差異，求知動機與關係衝突在0.01水平上也存在顯著差異。更重要的是，任務衝突和求知動機之間的交互項也達到了顯著水平（F=4.445，P=0.042<0.05），說明求知動機對任務衝突和關係衝突具有顯著的調節效應。

為了具體體現求知動機對任務衝突和關係衝突的調節作用，研究者繪制了簡單的交互效應圖。如圖6-6所示，對比高求知動機和一般求知動機條件下的兩條斜率可知，在高求知動機條件下，隨著任務衝突的增加，關係衝突的上升趨勢較為緩慢；而在一般求知動機條件下，隨著任務衝突的增加，關係衝突的上升非常明顯。由此可見，求知動機對任務衝突和關係衝突具有顯著的負向調節作用。即假設H14得到驗證。

圖 6-6　求知動機對任務衝突和關係衝突的調節效應

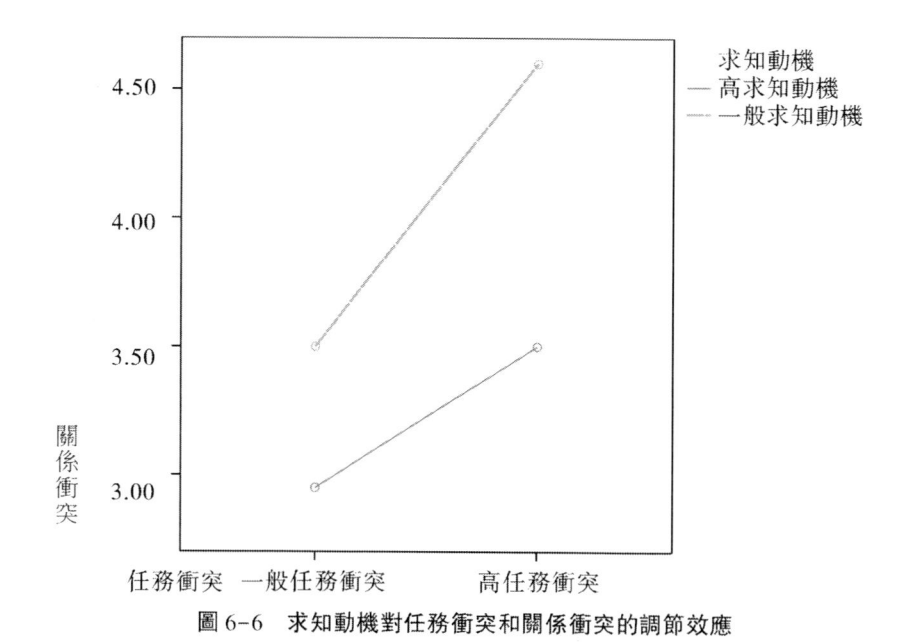

6.6.5　高求知動機狀態下「任務衝突和決策績效的關係」

在假設 H13、H14 被完全驗證的基礎上，本研究得以繼續探討在高求知動機狀態下任務衝突和決策績效是否存在正向關係。具體分析是：以任務衝突為自變量、獨特信息加工為仲介變量、決策績效為因變量，探討在高求知動機狀態下獨特信息加工是否對任務衝突和決策績效形成正向關係起仲介作用。

本研究首先就高求知動機狀態下的各變量之間進行了相關分析。由相關分析可知（見表 6-7），任務衝突與決策質量的相關係數為 0.746（P<0.001），與決策承諾的相關係數為 0.843（P<0.001），表明任務衝突和決策績效之間具有非常顯著的正向關係。任務衝突與獨特信息分享的相關係數為 0.827（P<0.001），與獨特信息利用的相關係數為 0.843（P<0.001），說明任務衝突與獨特信息加工之間也具有非常顯著的關係。而獨特信息分享、獨特信息利用也分別與決策質量、決策承諾具有非常顯著的關係。這為接下來的深入分析奠定了前提。

在相關分析的基礎上，本研究進一步採取迴歸模型，驗證任務衝突、獨特信息加工和決策績效之間的關係。

表 6-7　　　　　高求知動機狀態下各變量之間的相關分析

	任務衝突	獨特訊息分享	獨特訊息利用	決策質量	決策承諾
任務衝突	1				
獨特信息分享	0.827**	1			
獨特信息利用	0.843**	0.921**	1		
決策質量	0.746**	0.790**	0.840**	1	
決策承諾	0.843**	0.851**	0.869**	0.895**	1

註：N=20。「**」表示在 0.01 顯著水平上相關。

據任務衝突、獨特信息加工和決策質量的迴歸模型分析可知（見表6-8），在 Model1、Model2 和 Model2′中，任務衝突和獨特信息分享、獨特信息利用的迴歸系數都在 0.01 水平上顯著相關。在 Model3 和 Model3′中，獨特信息分享、獨特信息利用與決策質量的迴歸系數分別在 0.05 和 0.01 水平上顯著相關，但任務衝突與決策質量之間都沒有呈現顯著關係。這表明在高求知動機狀態下，獨特信息分享、獨特信息利用在任務衝突和決策質量之間具有完全的仲介作用，意味著獨特信息分享、獨特信息利用對任務衝突和決策質量形成正向關係起了仲介作用。即假設 H15a、H15b 得到驗證。

表 6-8　高求知動機狀態下任務衝突、獨特訊息加工和決策質量的迴歸結果

變量	Model 1 決策質量	Model 2 獨特訊息分享	Model 2′ 獨特訊息利用	Model 3 決策質量	Model 3′ 決策質量
任務衝突	0.746**	0.827**	0.843**	0.293	0.133
獨特信息分享、獨特信息利用				0.548*	0.728**
F	22.640**	38.976**	44.047**	15.923**	20.883**

註：「**」表示在 0.01 顯著水平上相關，「*」表示在 0.05 顯著水平上相關。

據任務衝突、獨特信息加工和決策承諾的迴歸模型分析可知（見表6-9），在 Model1、Model2 和 Model2′中，任務衝突和獨特信息分享、獨特信息利用的迴歸系數都在 0.01 水平上顯著相關。在 Model3 中，獨特信息分享與決策承諾的迴歸系數在 0.05 水平上顯著相關，任務衝突與決策承諾的迴歸系數也在 0.05 水平上顯著相關，這說明獨特信息分享在任務衝突和決策承諾之間的仲

介效應顯著。在 Model3' 中，獨特信息利用與決策承諾的迴歸系數在 0.05 水平上顯著相關，但任務衝突與決策承諾之間不存在顯著關係，這說明獨特信息利用在任務衝突和決策承諾之間起到了完全的仲介作用。這就意味著在高求知動機狀態下，獨特信息分享、獨特信息利用對任務衝突和決策承諾形成正向關係起了仲介作用。即假設 H15c、H15d 得到驗證。

表 6-9　高求知動機狀態下任務衝突、獨特訊息加工和決策承諾的迴歸結果

變量	Model 1 決策承諾	Model 2 獨特訊息分享	Model 2' 獨特訊息利用	Model 3 決策承諾	Model 3' 決策承諾
任務衝突	0.843**	0.827**	0.843**	0.442*	0.384
獨特信息分享、獨特信息利用				0.486*	0.545*
F	44.334**	38.976**	44.047**	31.210**	33.469**

註：「**」表示在 0.01 顯著水平上相關，「*」表示在 0.05 顯著水平上相關。

6.7　結果討論

本研究採用行為實驗獲取相關研究數據，從團隊層面深入探討了現場決策過程中，信任和求知動機這兩個情境變量對「任務衝突—決策績效」的調節過程。本研究在對實驗操控效果進行檢驗的基礎上，借助 SPSS19.0 統計軟件，運用相關分析、方差分析和迴歸分析等方法對各項研究假設進行了檢驗。檢驗結果絕大部分支持了相關假設（見表 6-10）。

表 6-10　　　　　　研究假設檢驗結果

序號		假設	檢驗結果
H10	H10a	信任對任務衝突和獨特信息分享的正向關係具有正向調節作用	不成立
	H10b	信任對任務衝突和獨特信息利用的正向關係具有正向調節作用	成立
H11		信任對任務衝突和關係衝突的正向關係具有負向調節作用	成立

表6-10(續)

序號		假設	檢驗結果
H12	H12a	在信任度較高的團隊中，任務衝突通過獨特信息分享的仲介作用正向影響團隊決策質量	成立
	H12b	在信任度較高的團隊中，任務衝突通過獨特信息利用的仲介作用正向影響團隊決策質量。	成立
	H12c	在信任度較高的團隊中，任務衝突通過獨特信息分享的仲介作用正向影響團隊決策承諾	成立
	H12d	在信任度較高的團隊中，任務衝突通過獨特信息利用的仲介作用正向影響團隊決策承諾	成立
H13	H13a	求知動機對任務衝突與獨特信息分享的正向關係具有正向調節作用	成立
	H13b	求知動機對任務衝突與獨特信息利用的正向關係具有正向調節作用	成立
H14		求知動機對任務衝突和關係衝突的正向關係具有負向調節作用	成立
H15	H15a	在高求知動機的團隊中，任務衝突通過獨特信息分享的仲介作用正向影響團隊決策質量	成立
	H15b	在高求知動機的團隊中，任務衝突通過獨特信息利用的仲介作用正向影響團隊決策質量	成立
	H15c	在高求知動機的團隊中，任務衝突通過獨特信息分享的仲介作用正向影響團隊決策承諾	成立
	H15d	在高求知動機的團隊中，任務衝突通過獨特信息利用的仲介作用正向影響團隊決策承諾	成立

檢驗結果的具體分析如下：

1. 信任的調節作用

團隊間的信任通常都是有益的。本研究結果表明，雖然信任對任務衝突和獨特信息分享的正向關係沒有存在顯著的調節作用，但對任務衝突和獨特信息利用的正向關係卻有著顯著的正向調節作用，對任務衝突和關係衝突的正向關係也有著顯著的負向調節作用。這一研究結果一方面證實了前人得出的「信任可以緩解任務衝突向關係衝突轉化」的觀點，並拓展了信任在信息加工領域作用的研究；另一方面也為之後研究在高信任狀態下任務衝突和決策績效的關係打下了基礎。

2. 求知動機的調節作用

求知動機是人們願意為全面、準確地瞭解某一事物而付出努力的意願，決定著團隊信息加工的深度。本研究結果表明，求知動機對任務衝突和獨特信息

分享、獨特信息利用的正向關係都存在顯著的調節作用。求知動機和任務衝突的交互作用對獨特信息加工有著顯著的影響。這一研究結果拓展了求知動機在信息加工以及衝突領域的研究。另外，研究結果也表明，求知動機對任務衝突和關係衝突的正向關係有著顯著的負向調節作用。以前的研究多是從團隊結構、情感方面入手防止任務衝突向關係衝突轉化，這次的研究結果證明，求知動機這種認知能力的變量也能起到這樣的調節作用，也是對任務衝突和關係衝突研究的有益補充。求知動機的上述調節作用也為後續研究在高求知動機狀態下任務衝突和決策績效的關係打下了基礎。

3. 高信任、高求知動機狀態下任務衝突和決策績效的關係

第四章的研究結果表明，在沒有特定的情境下，任務衝突和決策績效之間的關係可能是模棱兩可、含糊不清的。研究結果表明，僅研究高信任、高求知狀態下的現場決策過程，任務衝突、獨特信息加工和決策績效會呈現出非常顯著的關係。在高信任、高求知狀態下，任務衝突通過獨特信息分享和獨特信息利用的仲介作用對決策質量和決策承諾產生正向影響，任務衝突的水平越高，獨特信息分享和利用的水平越高，決策質量和決策承諾的水平也越高。這一研究結果表明只要在特定的情境下，任務衝突、獨特信息加工和決策質量之間是會有直接關聯的。團隊管理者們只要在團隊中營造出一定的氛圍，刺激任務衝突是可以提高團隊的決策績效的。

6.8 本章小結

本章在梳理信任、動機性信息加工等相關理論的基礎上，試圖在特定情境下研究現場決策過程中任務衝突對決策績效的關係，提出了信任、求知動機對「任務衝突—獨特信息加工」「任務衝突—關係衝突」調節作用的相關假設。然後採用行為實驗模擬戰略決策團隊的現場決策過程，通過對最終數據進行整理和分析，對相關假設進行了檢驗。數據結果支持了絕大部分假設，並明確了在特定情境下，任務衝突、獨特信息加工和決策績效之間具有顯著的關係。

7 綜合討論與展望

本章首先匯總所有的研究結果,在聯繫相關領域的研究基礎上,對結論進行分析和解釋;然後指出了相關結論在團隊衝突、決策領域的理論進展,以及對團隊管理實踐的指導意義;最後總結了本研究的局限性,為將來的研究提出了相應的建議。

7.1 研究結論及討論

本研究以跨國企業高管團隊為研究對象,首先通過行為模擬實驗,以決策過程中不可避免的任務衝突為研究起點,以信息加工和關係衝突為過程變量,研究了現場決策過程中任務衝突對決策績效的影響機理;然後針對任務衝突與決策績效呈現出的模糊不清的關係,通過問卷調查引入了適合中國跨國企業高管團隊的對「任務衝突—決策績效」具有顯著正向調節作用的情境因素;最後再次通過行為模擬實驗研究了情境因素對任務衝突和決策績效的具體調節過程以及在特定情境因素下任務衝突和決策績效的明確關係。主要的研究結論可歸納為以下幾個方面:

7.1.1 現場決策中任務衝突對決策績效的影響機理

本研究結合現場溝通的特點,對任務衝突和關係衝突進行了定義,並把獨特信息加工分為獨特信息分享和獨特信息利用兩個維度,把決策績效分為決策質量和決策承諾兩個維度,對任務衝突對決策績效的作用機理進行了深入研究。本研究把任務衝突對決策績效的兩種自相矛盾的影響都納入研究範疇,分析了現場決策過程中任務衝突對決策績效的影響機理,包括任務衝突通過獨特信息加工對決策績效產生的影響和任務衝突通過關係衝突對決策績效產生的影響。本研究深入分析了任務衝突對決策績效的雙向影響過程,這有助於全面瞭

解現場決策過程中任務衝突對決策績效的影響機理；並探尋任務衝突對團隊決策績效產生不明確影響的原因。

1. 任務衝突對獨特信息加工的正向作用

本研究分別探討了任務衝突對獨特信息加工的兩個維度，即獨特信息分享和獨特信息利用的影響，得出了如下結論：

結論1：獨特信息加工受任務衝突水平的影響，團隊內部的任務衝突水平越高，團隊內獨特信息分享和利用的程度就越高。

以前眾多的學者從不同角度提出了促使獨特信息分享的方法，例如團隊規範、決策程序等。但這些研究都忽略了一個很重要的提升信息分享的因素——團隊任務衝突。團隊任務衝突的增加會帶來「對立的」意見，可以實現較高水平的信息交換和分享，Tjosvold（1985）認為任務衝突可以激發大家說出不同的意見，成員為了證明自己的觀點，必須列舉更具說服力的證據，這就引起成員對援引的獨特信息的足夠重視，並增加了整個團隊對獨特信息的討論機會，所以任務衝突可以有效提高獨特信息分享和利用的水平。本研究對行為模擬實驗所取得的數據進行分析後，發現任務衝突與獨特信息加工的確存在非常顯著的正向關係。這也驗證了 Tjosvold 等學者的觀點，證明了任務衝突是挖掘、利用獨特信息的一種行之有效的方法。

2. 獨特信息加工對決策績效的正向作用

本研究分別探討了獨特信息分享和獨特信息利用兩個維度對決策質量和決策承諾的影響，得出了如下結論：

結論2：決策績效受獨特信息加工水平的影響，獨特信息分享和利用的水平越高，決策質量和決策承諾的水平的就越高。

在 Stasser 的模型中就有這樣一個隱藏的假設，即抽樣的獨特信息越多，團隊的決策質量也就越高。在後繼的研究中，學者們也多次驗證了該假設。Larson 等（1998）以及 Stewart、Billings、Stasser（1998）從獨特信息分享時間占團隊討論時間的比例、獨特信息數量在討論信息數量中所占比例、去掉重複率後獨特信息數量在討論信息數量中占比例等角度，都證明了在團隊討論中獨特信息分享與決策質量具有正向關係。Lu 等（2012）對21個研究進行元分析，也同樣認為不管是獨特信息被提及的次數還是獨特信息被討論的次數都與決策質量呈正相關。成員將各自擁有的獨特信息在團隊中分享，並共同對獨特信息進行反覆地討論，可以促使成員對任務背景、內容、目標更深入地瞭解，有利於決策質量的提高。本研究的研究結果不僅再次證明了獨特信息的加工與決策質量之間的正向關係，還證明了獨特信息加工與決策承諾之間也存在顯著

的正向關係，這也是對團隊決策中信息加工理論的一個很好的補充。

綜合結論1和結論2的觀點，我們認為，在現場決策過程中，任務衝突可以有效地刺激獨特信息的分享和利用，而獨特信息的分享和利用又與決策績效呈現顯著的正相關關係，因而任務衝突具有提高決策績效的潛力。

3. 任務衝突對關係衝突的正向作用

本研究探討了任務衝突對關係衝突的影響，得出了如下結論：

結論3：任務衝突會影響關係衝突，團隊內部的任務衝突水平越高，關係衝突水平就越高。

越來越多的學者發現，在衝突互動過程中，理性和情感不可能截然分開。即使團隊成員之間只是就任務內容存在意見分歧，也不可避免這種單純的任務衝突中會包含成員的主觀情緒，而且還可能因為一系列的「錯誤歸因」而導致關係衝突。在團隊討論中，成員經常會討論別人的「反對意見」是源於內因還是外因，並評估別人意見的完整性和精確性。在這種歸因過程中，當他們認為別人的反對意見是由其他成員造成的，而不是由自身問題造成的（Jehn, 1997），或反對意見中存在隱藏的意圖（Amason, 1996；Eisenhardt & Bourgeois, 1988）時，任務衝突就會通過有偏見的信息加工（Biased Information Processing）導致人身攻擊，從而將任務方面的意見分歧轉化為人際關係的緊張，引起成員之間情感上的衝突。錯誤的歸因使關係衝突成為了任務衝突的「影子」（Jehn, 1997；Simons & Peterson, 2000）。本研究的研究結果再次證明了任務衝突和關係衝突之間的確存在著顯著的正向關係。

4. 關係衝突對決策績效的負向作用

任務衝突會引發關係衝突，而關係衝突總是產生負面影響。本研究探討了關係衝突對決策績效的影響，得出了如下結論：

結論4：決策績效受關係衝突的影響，團隊內部關係衝突的水平越高，決策績效的水平就越低。

關係衝突的負面影響在決策討論到中間段的時候才會出現（Devine, 1999）。關係衝突引發的憤怒、緊張、懷疑、焦慮等負面情緒（Jehn, 1997）會迫使成員花大量時間去處理人際關係矛盾，而置與任務緊密相關的獨特信息於不顧，針對任務的深層次信息加工活動在較大程度上受到抑制（Jehn & Mannix, 2001）。關係衝突引發的負面情緒會影響團隊成員的理性思維，削弱他們的認知能力。關係衝突引發的負面情緒還會導致成員認為他人的行為都帶有不良企圖，影響彼此的合作。本研究結果證明了關係衝突的確對決策績效具有負向影響。

综合结论 3 和结论 4 的观点，我们认为，在现场决策过程中，任务冲突会引发关系冲突，而关系冲突总是有害的，当它在决策过程中出现后，会对决策绩效产生负面影响。

正是因为任务冲突对决策绩效的这两方面影响同时存在，致使任务冲突对团队决策绩效的影响一直处于不明确的状态。如果在某些情况下，任务冲突对决策绩效的正面作用大于其引发的关系冲突的负面作用，则很可能出现任务冲突对决策绩效具有正向影响的结果；但如果在某些情况下，任务冲突度对决策绩效的正面作用小于其引发的关系冲突的负面作用，则很可能出现任务冲突对决策绩效具有负向影响的结果；而当两方面作用相差不多时，则会出现任务冲突对决策绩效不具有显著影响的结果。这在一定程度上可以解释为什么目前学术界的相关研究会出现矛盾的情况。

7.1.2 情境因素的甄选

任务冲突在决策过程中不可避免，且对决策绩效的影响模糊不清。为了使任务冲突和决策绩效之间存在明确的正向关系，就必须增大其正面作用，遏制其负面作用。而纵观任务冲突对决策绩效的影响过程，要实现这一目标，关键在于要尽量减少任务冲突向关系冲突的转化。而减少任务冲突向关系冲突转化最好的方法就是引入一定的情境因素。

本研究在梳理学者们曾研究过的情境因素以及和「冲突—绩效」关系较为紧密的情境因素的基础上，从团队层面的关系情感角度选出信任、感知团队氛围和团队情商三个变量，从团队层面的理性认知角度选出求知动机和自我效能感两个变量作为备选情境变量。本研究以中国跨国企业高管团队为研究对象，组织了问卷调查，获得相关数据并进行实证分析，从中挑选出对「任务冲突—决策绩效」具有正向调节作用的情境因素。

对本次问卷调查所搜集的数据进行实证分析，得知团队任务冲突和决策绩效之间存在显著的正相关关系；在随后对情境因素的甄选过程中，只要情境因素能对任务冲突和决策绩效的关系表现出显著的正向影响，就符合了本研究的甄选条件。

在五个备选情境因素中，感知团队氛围对任务冲突和决策绩效的正向调节作用只得到部分证实，团队情商和自我效能感对任务冲突和决策绩效的正向调节作用没有得到证实，只有信任和求知动机对任务冲突的正向调节作用得到完全证实。这可能与中国的「低信任文化」和浓厚的务实精神有关。一旦团队成员之间能够突破「家族」的限制，在团队内部建立起足够信任，那么信任

在「任務衝突—決策績效」關係上所發揮的作用就會非常顯著；而求知動機能切實地督促團隊成員以過程為導向，聚焦信息處理，更能體現務實的精神。

結論5：信任對團隊「任務衝突—決策績效」具有顯著的正向調節作用。成員之間的信任度越高，任務衝突和決策績效的正向關係越顯著。

結論6：求知動機對團隊「任務衝突—決策績效」具有顯著的正向調節作用。成員的求知動機度越高，任務衝突和決策績效的正向關係越顯著。

7.1.3 情境因素作用下任務衝突和決策績效的關係

信任和求知動機對團隊「任務衝突—決策績效」具有顯著的調節作用，本研究繼續用行為實驗模擬現場決策過程，探討了情境因素對決策團隊「任務衝突—決策績效」的具體調節過程。本研究首先探討了信任、求知動機對「任務衝突—獨特信息加工」「任務衝突—關係衝突」的調節作用，並在此基礎上探討了在高信任、高求知動機狀態下「任務衝突—獨特信息加工—決策績效」之間的關係。這不僅有助於揭示情境因素在「任務衝突—決策績效」的具體調節過程，更重要的是研究結果可以為團隊有效管理「任務衝突—決策績效」的關係提供一種借鑑。

1. 信任的調節作用

本研究分別探討了信任對「任務衝突—獨特信息加工」「任務衝突—關係衝突」的調節作用；並專門針對高信任狀態下，「任務衝突—獨特信息加工—決策績效」的關係進行了探討，形成了以下研究結論。

結論7：信任對「任務衝突—獨特信息加工」的正向關係具有正向調節作用部分成立。其中，信任對「任務衝突—獨特信息分享」的正向關係不具有明顯的正向調節作用，但對「任務衝突—獨特信息利用」的正向關係具有明顯的正向調節作用。團隊成員之間的信任度越高，任務衝突和獨特信息利用的正向關係就越強。

信任是個體對他人的相信程度，當團隊成員彼此信任程度較高時，成員之間彼此坦誠相待，更容易中肯、全面、敏銳和及時地捕捉有用信息（Dooley & Fryxell, 1999）。而且高信任的團隊可以更加集中於任務過程中的信息交流，無需花費大量時間和精力用於協調目標（Kurt, 1999）。所以信任可以在一定程度上對「任務衝突—獨特信息加工」產生了正向調節作用。本研究對行為模擬實驗所取得的數據進行分析後，發現信任的確對「任務衝突—獨特信息利用」產生了正向調節作用。這證明了信任可以和任務衝突產生交互作用，有利於獨特信息的加工。

结论8：信任對「任務衝突—關係衝突」的正向關係具有負向調節作用。即信任程度越高，任務衝突對關係衝突的正向影響會越弱，甚至不存在明顯的正向影響。

對任務衝突的錯誤歸因是造成任務衝突引發關係衝突的關鍵。而之所以會造成錯誤歸因，在很大程度上是因為成員之間缺乏信任。如果團隊成員彼此信任，當任務方面的分歧產生時，他們通常只會討論與任務相關的內容，不會摻雜進其他的感情因素；但如果團隊成員彼此不信任，他們就會傾向於負面地評價別人模棱兩可的行為，從而會引致關係衝突。本研究的研究結果是信任對「任務衝突—關係衝突」的正向關係具有顯著的負向調節作用，再次證明了Simons & Peterson（2000）、Peterson & Behfar（2001）等學者的觀點。

结论9：在高信任狀態下，任務衝突通過獨特信息加工的仲介作用正向作用於決策績效。在高信任狀態下，任務衝突的水平越高，獨特信息分享和利用的水平越高，決策質量和決策承諾的水平也隨之越高。

根據結論7和8，信任不僅可以促進任務衝突和獨特信息利用形成正向關係，還可以有效地遏制任務衝突向關係衝突的轉化，那麼在高信任狀態下，團隊決策過程中任務衝突不僅能促使獨特信息交流增多，而且引發的關係衝突會大大減少；隨著關係衝突的減少，決策績效的負面影響也會大大降低，則在高信任狀態下，任務衝突與團隊決策質量、決策承諾之間可能呈現出顯著的正向關係。本研究的研究結果證明，在高信任狀態下，任務衝突和團隊決策績效的確存在顯著的正向關係，任務衝突對獨特信息加工具有正向影響，而獨特信息加工又對團隊決策績效具有正向影響。因而證明了在高信任狀態下，任務衝突可以通過獨特信息加工的仲介作用正向作用於決策績效。這一結果說明，只要團隊管理者們在團隊中營造出合適的氛圍，引發任務衝突是可以提高團隊的決策績效的。

2. 求知動機的調節作用

本研究分別探討了求知動機對「任務衝突—獨特信息加工」「任務衝突—關係衝突」的調節作用；並專門針對高求知動機狀態下的「任務衝突—獨特信息加工—決策績效」的關係進行了探討，形成了以下研究結論：

结论10：求知動機對「任務衝突—獨特信息加工」的正向關係具有正向調節作用。團隊成員的求知動機程度越高，任務衝突對獨特信息分享、獨特信息利用的正向影響就越強。

求知動機是人們願意為全面、準確地瞭解某一事物而付出努力的意願（De Dreu, et al., 2006），決定著團隊信息加工的深度。在高認知動機的驅動

下，團隊採取詳盡的系統式信息加工（Systematic Information Processing），傾向於採用信息驅動的信息加工方式，成員聚焦於信息，對信息進行充分、系統性地交流和整合。任務衝突在團隊決策過程中可以增加信息分享、信息加工的數量；而高求知動機可以進一步促使成員將主要精力放在對各類信息的分析、評估上，從而提高信息的加工質量和有效利用率。二者結合在一起，相得益彰。本研究的研究結果表明，求知動機的確能夠和任務衝突產生交互作用，促使信息加工提高質量，對獨特信息分享和利用都具有正向作用。

結論11：求知動機對「任務衝突—關係衝突」的正向關係具有負向調節作用。即團隊成員的求知動機程度越高，任務衝突對關係衝突的正向影響會越弱，甚至不存在明顯的正向影響。

根據Mayer和Gavin（2005）提出的注意聚焦的觀點，可知個體的「認知資源或注意資源」是有限的。當個體集中注意力投入到為組織增加價值的活動時，就不會分散注意力去關注其他無效的活動。當團隊成員就任務內容存在較大的意見分歧和爭論時，求知動機會促使團隊成員把有限的認知資源放在處理和分析這些由於分歧而產生的大量信息上；而無暇去對不同意見進行錯誤的歸因，可以在一定程度上避免任務衝突引發關係衝突。本研究的研究結果表明，成員的求知動機程度越高，任務衝突和關係衝突的正向關係越弱。驗證了注意聚焦的觀點。

結論12：在高求知動機狀態下，任務衝突通過獨特信息加工的仲介作用，對決策績效產生正向影響。在高求知動機狀態下，任務衝突的水平越高，獨特信息分享和利用的水平越高，決策質量和決策承諾的水平也隨之越高。

根據結論10和11，求知動機不僅可以促進任務衝突和獨特信息利用形成正向關係，還可以有效地遏制任務衝突向關係衝突的轉化，那麼在高求知動機狀態下，團隊決策過程中的任務衝突不僅能促使獨特信息交流得更多，而且引發的關係衝突會大大減少；隨著關係衝突的減少，其對「獨特信息加工—團隊決策績效」的負面影響也會大大降低，則在高求知動機狀態下，任務衝突對團隊決策質量、決策承諾可能具有顯著的正向影響。本研究的研究結果證明，在高求知動機狀態下，任務衝突和決策績效的確存在顯著的正向關係；任務衝突對獨特信息加工具有正向影響，而獨特信息加工又對團隊決策績效具有正向影響。因而證明了在高求知動機狀態下，任務衝突可以通過獨特信息加工的仲介作用對決策績效產生正向影響。

7.2 理論進展及實踐啟示

本研究的研究結論在一定程度上豐富及拓展了關於團隊衝突、團隊決策的理論探討，同時也為中國跨國企業高管團隊的團隊管理實踐提供了一些有價值的意見。

7.2.1 理論進展

基於已有的相關理論研究，本研究以任務衝突為研究起點，以認知信息加工為研究視角，通過文獻回顧和理論推演構建了「任務衝突—關係衝突—獨特信息加工—團隊決策績效」的概念模型。該模型的研究不僅體現了近年來團隊理論對「過程」部分探討的拓展，其具體研究結果也能在一定程度上促進關於團隊任務衝突的相關研究的知識內容的豐富及深化。其具體創新和理論進展主要體現在以下幾個方面：

1. 在前人只研究任務衝突對決策績效正向影響或者負向影響的基礎上，把任務衝突的雙向影響都納入研究範疇

關於任務衝突的影響，至今學術界仍有較大爭議；對其影響到底是正面還是負面的，仍沒有一個統一的回答。一些學者認為，任務衝突是有積極作用的，可以激發新的觀點產生，並促進創新觀點的發展（Jehn, 1995; De Dreu, 2006）。但同時一些研究也指出，任務衝突會帶來負面影響，例如產生過量的認知負荷（Porter & Lilly, 1996），引發成員間的情感上的衝突等（Jehn, 1997; Northcraft & Neale, 2001）。任務衝突的雙重作用在很多文獻中都有所提及，但目前學者們往往只根據自己設計的思路得出任務衝突有利或有弊的觀點，缺乏同時兼顧這兩種影響的全面分析，致使研究結果比較片面，缺乏強有力的說服力，不能為團隊衝突管理實踐提供有力的支持。

在前人只分析任務衝突對決策績效的正向影響或負向影響的基礎上，本研究把任務衝突對決策績效的雙向影響都納入了研究範疇。研究結果亦表明，由於任務衝突對決策績效的正負影響同時存在，致使二者之間的關係很可能是模糊不清的。如果在某些情況下，任務衝突對決策績效的正面作用大於其引發的關係衝突的負面作用，則很可能出現任務衝突對決策績效具有正向影響的結果；如果在某些情況下，任務衝突度對決策績效的正面作用小於其引發的關係衝突的負面作用，則很可能出現任務衝突對決策績效具有負向影響的結果；如

果在某些情況下，任務衝突度對決策績效的正面作用和其引發的關係衝突的負面作用相當，則很可能出現任務衝突和決策績效不存在顯著關係的結果。這一研究結果不僅在一定程度上解釋了為什麼目前學術界的相關研究會出現矛盾的情況；更重要的是正視了任務衝突的雙向影響，正視了任務衝突和決策績效的不明朗關係，有利於學術界進行下一步的深入探索，尋找更優的解決方案。

  2. 構建「任務衝突—決策績效」的現場決策模型，拓展任務衝突的影響機理研究

  現場交流是決策制定最常用的方式。雖然隨著網路、計算機的發展，某些決策可以通過計算機輔助溝通來完成，但重大的、複雜的決策仍需要通過面對面的現場溝通來完成。因此研究團隊的現場決策過程非常有必要。

  本研究對現場決策中的任務衝突進行了明確的定義，並依據相關文獻和理論，選取獨特信息加工和關係衝突作為任務衝突和決策績效之間的過程變量。研究結果表明，在團隊現場決策過程中，任務衝突和獨特信息加工、關係衝突，以及獨特信息加工、關係衝突和決策績效之間的確存在著顯著的關係。而且在加入特定情境因素後，任務衝突引發關係衝突的可能性大大減弱，此時，獨特信息加工可以在任務衝突和決策績效的正向關係中起到仲介作用。這一研究結果揭秘了團隊決策現場交流過程中任務衝突和團隊決策績效之間的「黑箱」，為團隊衝突「如何」影響團隊決策績效提供了一種新的解釋。

  3. 尋找到對中國跨國企業高管團隊「任務衝突—決策績效」具有正向調節作用的情境因素，豐富了「任務衝突—決策績效」情境因素的研究

  要使「任務衝突—決策績效」之間具有明確的正向關係，引入合適的情境因素是關鍵。在以往的衝突研究中，學者們從團隊結構、情感等方面引入了多個情境因素進行研究，但這些情境因素更多地是以國外團隊為對象進行的研究。鑒於各國風俗不同，能有效針對沖突轉化的調節因素也不盡相同，因而本研究基於自己的研究目的，以信任、感知團隊氛圍、團隊情商、求知動機和自我效能感等五個變量作為備選情境變量，以中國跨國企業高管團隊為對象進行考察。通過實證分析，信任和求知動機對「任務衝突—決策績效」的關係產生了顯著的正向調節作用。

  本研究又進一步深入研究了信任和求知動機這兩個情境因素在現場決策過程中對「任務衝突—決策績效」的具體調節過程。研究結果表明，信任和求知動機對「任務衝突—獨特信息加工」的正向關係起到了正向調節作用，對「任務衝突—關係衝突」的正向關係起到了負向調節作用，以至於在高信任和高求知動機狀態下，任務衝突和決策績效之間呈現出顯著的正向關係。以上研

究結果不僅尋找到適合中國跨國企業高管團隊決策過程的情境因素，更揭示了情境因素在「任務衝突—決策績效」的具體調節過程，豐富了「任務衝突—決策績效」情境因素的研究。

4. 運用實證研究與實驗研究方法對團隊衝突、決策領域展開探索性研究，豐富了團隊衝突、團隊決策績效的研究方法

目前國內關於團隊衝突、信任和決策績效的研究幾乎都採用實證研究方法，通過深度訪談和調查問卷等形式收集相關數據；很少採用實驗方法去驗證假設和模型。

實證研究和實驗研究是社會學、管理學研究中經常採用的方法。實證研究方法具有外部效度高的優點，而實驗研究方法具有能對實驗變量進行有效控製的優點。因此本研究在研究過程中充分利用這兩種研究方法的優勢，對情境變量的甄選採用外部效度好的實證分析方法進行研究；對現場決策過程中的衝突、決策問題以及情境因素的具體調節作用採用可操控的實驗方法進行研究。兩種研究方法相結合，其研究結果可以互為補充和證明，使得研究結果更具說服力，可以為本研究所提出的概念模型和研究結論提供更有力的支持。

因此，本研究同時使用實證研究和實驗研究方法對團隊衝突、決策領域展開探索性研究，豐富了團隊衝突、團隊決策績效的研究方法。

7.2.2 實踐啟示

團隊決策是大勢所趨，目前，研究者們關注的焦點在於如何提高團隊決策的績效。團隊成員的個體特徵、團隊結構和決策過程都會影響最終的決策績效（Hambrick & Mason，1984）。從 20 世紀 90 年代開始，學者們認識到團隊決策過程不僅比團隊成員的個體特徵、團隊結構等因素更好操控和調節，還能部分抵消其他因素的負面影響（孫海法，伍曉奕，2003），因此高管團隊的決策過程越來越受到重視。本研究關注高管團隊的決策過程，圍繞決策過程中無法避免的團隊衝突展開研究，得到一系列有意義的研究結論。這些結論對高管決策團隊的管理實踐提供了以下幾個方面的啟示：

1. 全面、正確地認識團隊任務衝突

首先，團隊管理者必須認識到，在團隊決策過程中，任務衝突是無法避免的，而且任務衝突會對團隊決策績效造成一定的影響。其次，團隊管理者要對任務衝突對決策績效的影響有全面、正確的認識。任務衝突有利於成員之間的信息分享和利用，具有提高決策績效的潛力；但同時又會引發關係衝突，給決策績效帶來不良影響。

因此在團隊管理實踐中，團隊管理者僅認識到任務衝突的正面效用或者負面效用都會導致團隊管理者錯誤處理團隊內部的任務衝突；單純地刺激任務衝突，或者採用過激手法嚴格控製任務衝突，對於團隊決策績效都是無益的。團隊管理者只能趨利避害，盡可能地發揮任務衝突有利的一面，而防止其不利的一面。

2. 培養合適的團隊氛圍，解決任務衝突負面影響的問題

如何趨利避害，發揮任務衝突有利的一面，而防止其不利的一面呢？關鍵在於要引入合適的情境因素。本研究的研究成果給了團隊管理者很好的實踐啟示：要想讓決策過程中無法避免的任務衝突能夠有利於決策績效的提高，就必須在團隊內部培養起信任和求知的氛圍。只要團隊成員之間相互信任，又都充滿了求知的欲望，那麼團隊內部的任務衝突程度越高，越有利於決策績效的提高。

培養成員間的信任，管理者可以從影響信任的因素出發，從團隊成員的個體特徵因素和團隊特徵因素兩方面著手。個體層面的成員的能力、品行以及成員之間的互動頻率、溝通效果等因素，以及團隊層面的分權、風險承擔、團隊凝聚力等因素都會對團隊信任的培養形成較大的影響（Mayer, et al., 1995; McAllister, 1995; Glibert, 1998）。作為團隊管理者，一方面可以通過在團隊內部通報各個成員的背景資料、製造成員的溝通機會以增進成員之間的相互瞭解，努力培養成員間的信任；另一方面也可調整團隊的內部構成，適當放權，讓成員都承擔一定的風險，將成員的利益都凝聚在一起，增進團隊彼此的信任感。

培養成員的求知動機，管理者也可以從求知動機的影響因素出發。De Dreu（2003）、Kruglanski 和 Freund（1983）認為諸多情境因素，例如時間壓力、過程問責、領導風格等都會影響成員的求知動機。因此，團隊管理者可以在每次討論決策時，盡量放寬對時間的限制，讓成員處於沒有時間壓力的狀態中，激發成員的求知動機；還可以對團隊成員進行明確分工，規定成員必須對自身的決策過程負責，以促使成員們檢討自己，致力於深度的信息加工，對決策問題的準確、多面理解有更高的求知動機。另外，在團隊內部實行授權型和變革型領導風格也有利於激發團隊成員的求知動機（Chen, et al., 2011; Pearsall, Christian & Ellis, 2010）。

3. 關注團隊內部的信息互動過程

信息加工理論和決策理論緊密相關，團隊內部信息加工質量的好壞直接關係到決策績效的高低。本研究的研究結果也表明團隊層面的獨特信息分享和利

用對提升團隊決策績效起到了關鍵的作用。

因此，團隊的管理者可以採用適當的方法促進團隊成員之間的交流和合作。首先可以在團隊內部通報各個成員的背景資料，加深成員彼此之間對角色、職責等方面的瞭解，為團隊成員的互動、信息的加工提供良好的環境；其次應致力於搭建良好的內部交流互動平臺，通過對成員爭論內容進行積極引導，促使成員對彼此專長信息的瞭解，推動相關信息加工的深化。管理者應該鼓勵成員之間進行辯論，鼓勵成員對多元的意見進行開放式地交流和評價，以促進團隊成員之間的信息交流，激發團隊成員收集、分析及確認相關信息，改善團隊成員在信息加工方面的表現；激發成員靈感，使團隊內部就任務內容本身集思廣益，進而提高決策績效。

7.3 研究局限與展望

本研究通過一次實證研究和兩次實驗研究，完成了團隊層面的任務衝突對決策績效的影響機理以及情境因素下的任務衝突和決策績效關係的研究。儘管本研究在剖析現場決策過程中任務衝突對決策績效的影響機理方面和引入情境因素方面具有一定的創新性，也得到了比較有意義的研究結論，但仍存在一些研究局限，還有待在未來研究中作進一步的分析和彌補。

首先，甄選調節變量的實證研究，由於調研工作受到人力、財力、物力及時間方面的限制，面臨高管團隊數據難以獲取的困難，本研究的樣本雖然在總體數量上達到了統計分析的要求，也甄選出了對「任務衝突—決策績效」具有顯著調節作用的情境因素，但在後續研究中，樣本的研究對象和數量仍需進一步擴大。將來如果能獲得更多的樣本和數據，該研究的外部效度將得到較大的提高。

其次，剖析任務衝突對決策績效的影響機理以及在情境因素下任務衝突和決策績效關係的實驗研究，雖然在變量的測量上已力求使用客觀的測量指標，但某些涉及心理活動的變量仍使用了主觀性較強的測量指標，可能會在一定程度影響研究結果的客觀性。在未來的研究中可考慮多採用一些切實的具備可操作性的客觀測量指標，減少主觀數據的比例，以進一步增強研究結果的預測說服力。

再次，由於受時間的限制，兩次實驗都只考察了團隊在某一個時段的情況，也就是只考慮到靜態的狀況，難以全面反應團隊成員情感關係、認知狀態

和衝突行為的動態發展過程，致使研究結果存在一定的局限性。在未來的研究中，如果能採用縱向的時序，跟蹤、探析團隊成員情感、認知、衝突行為的動態發展過程及其效應發揮的演化，間隔一段時間對相關變量再進行測量，其研究結果可能會更具意義。

最後，本研究的重點內容主要依靠實驗研究來完成，雖然兩次實驗的樣本數量均滿足計量分析的要求，但畢竟數量有限；而且實驗研究中有較多的操控，這些都可能會影響研究結果的普適性。在未來的研究中，如果能通過深度訪談或者問卷調查方法對現實中的決策團隊做更深入的實證研究，把實證研究結果和實驗研究結果結合起來，相互論證，其最終研究結果將更具說服力。

參考文獻

[1] ALED J, DELYTH J. Improving teamwork, trust and safety: an ethnographic study of an interprofessional initiative [J]. Journal of Interprofessional Care, 2010, 25 (3): 175-181.

[2] ALLEN B C, SARGENT L D, BRADLEY L M. Differential effects of task and reward interdependence on helping behavior, effort and groupperformance [J]. Small Group Research, 2003, 34 (6): 716-740.

[3] AMASON A C, SCHWEIGER D M. Resolving the paradox of conflict, strategic decision making, and organizational performance [J]. International Journal of Conflict Management, 1994, 5 (3): 239-253.

[4] AMASON A C. Distinguishing the effects of functional and dysfunctional conflicts on strategic decision making: resolving a paradox for top management teams [J]. Academy of Management Journal, 1996, 39: 123-148.

[5] AMASON A C, SAPIENZA H J. The effects of top management team size and interaction norms on cognitive and affective conflicts [J]. Journal of Management, 1997, 23 (4): 495-516.

[6] AMASON A C, MOONEY A C. The effects of past performance on top management team conflicts in strategic decisionmaking [J]. International Journal of Conflict Management, 1999, 10 (4): 340-359.

[7] AUSTIN J R. Transactive memory in organizational groups: the effects of content, consensus, specialization, and accuracy on groupperformance [J]. Journal of applied Psychology, 2003, 88 (5): 866-878.

[8] AUH S. When and how does sales team conflict affect sales team performance? [J]. Journal of Acadamy of Marketing Science, 2014, 42 (6): 658-679.

[9] AVGAR A, LEE E K, CHUNG W J. Conflict in context: perceptions of conflict, employee outcomes and the moderating role of discretion and socialcapital

[J]. International Journal of Conflict Management, 2014, 25 (3): 276-303.

[10] AYOKO O B. Online work: managing conflict and emotions for performance in virtualteams [J]. European Management Journal, 2012, 30 (2): 156-174.

[11] AYOKO O B, CALLAN V J. Teams' reactions to conflict and team's task and socialoutcomes: the moderating role of transformation and emotional leadership [J]. European Management Journal, 2009, 28 (3): 220-235.

[12] BARKI H, HARTWICK J. Conceptualizing the construct of interpersonalconflicts [J]. International Journal of Conflicts Management, 2004, 15 (3): 216-244.

[13] BEHFAR K J, PETERSON R S. The critical role of conflict resolution in teams: a close look at the links between conflict type, conflict management strategies, and teamoutcomes [J]. Journal of Applied Psychology, 2008, 93 (1): 170-188.

[14] CAMPBELL J, STASSER G. The influence of time and task demonstrability on decision-making in computer-mediated and face-to-face groups [J]. Small Group Research, 2006, 37 (3): 271-294.

[15] CARNEVALE P J, PROBST T M. Social values and social conflict in creative problem solving andcategorization [J]. Journal of Personality and Social Psychology, 1998, 74: 1300-1309.

[16] CHAIKEN S, TROPE Y. Dual-process theories in social psychology [M]. Guilford: The Guilford Press, 1999.

[17] CHANIN M N, SHAPIRO H J. Dialectical and devil's advocate problem-solving [J]. Asia Pacific Journal of Management, 1984, 1: 159-170.

[18] COLQUITT J, HOLLENBECK J, ILGEN D R, et al. Computer assisted communication and team decision-making performance: the moderating effect of openness toexperience [J]. Journal of Applied Psychology, 2002, 87: 402-410.

[19] CRONIN M A, WEINGART L R. Representational gaps, information processing, and conflict in functionally diverseteams [J]. Academy of Management Review, 2007, 32 (3): 761-773.

[20] CRUZ M G, HENNINGSEN D D, SMITH B A. The impact of directive leadership on group information sampling, decision, and perceptions of the leader [J]. Communication Research, 1999, 26 (3): 349-369.

[21] CUNNINGHAM G B, WALTEMYER D S. The moderating effect of out-

come interdependence on the relationship between task conflict and group performance [J]. International Journal of Sport Psychology, 2007, 38 (2): 163-177.

[22] DECHURCH L A. Moving beyond relationshipand task conflict: toward a process-stateperspective [J]. The Journal of Applied Psycholoty, 2013, 98 (4): 559-578.

[23] DE DREU C K W. Unfixing the fixed-pie: a motivated information-processing account of integrative negotiation [J]. Journal of Personality and Social Psychology, 2000 (79): 975-987.

[24] DE DREU C K W, VAN VIANEN A E M. Managing relationship conflict and the effectiveness of organizationalteams [J]. Journal of Organizational Behavior, 2001, 22: 308-328.

[25] DE DREU C K W. Team innovation and team effectiveness: the importance of minority dissent and reflexivity [J]. European Journal of Work and Organizational Psychology, 2002, 11 (3): 285-298.

[26] DE DREU C K W, WEINGART L R. Task versus relationship conflict, team performance, and team member satisfaction: a meta-analysis [J]. Journal of Applied Psychology, 2003, 8: 741-749.

[27] DE DREU C K W. When too little or too much hurts: evidence for a curvilinear relationship between task conflict and innovation inteams [J]. Journal of Management, 2006, 32 (1): 83-107.

[28] DE DREU C K W. Motivated information processing, strategic choice, and the quality of negotiated agreement [J], Journal of Personality and Social Psychology, 2006 (90): 927-943.

[29] DE DREU C K W. Cooperative outcome interdependence, task reflexivity, and team effectiveness: a motivated information processingperspective [J]. Journal of Applied Psychology, 2007, 92 (3): 628-638.

[30] DE DREU C K W, NIJSTAD B A, VAN KNIPPENBERG D. Motivated information processing in group judgment and decisionmaking [J]. Personality and Social Psychology Review, 2008, 12 (1): 22-49.

[31] DEVINE D J. Ability, task knowledge, information sharing, and conflict on group decision-making effectiveness [J]. Small Group Research, 1999, 10: 608-634.

[32] DOOLEY R S, FRYXELL G E. Attaining decision quality and commit-

ment from dissent: the moderating effects of loyalty and competence in strategic decision making teams [J]. Academy of Management Journal, 1999, 42 (4): 389-402.

[33] EDWARDS B D, DAY E A, ARTHUR W J, et al. Relationships among team ability composition, team mental models, and team performance [J]. Journal of Applied Psychology, 2006, 91: 727-736.

[34] ELLIS A P J. System breakdown: the role of mental models and transactive memory in the relationship between acute stress and team performance [J]. Academy of Management Journal, 2006, 49 (3): 576-589.

[35] GIGONE D, HASTIE R. The common knowledge effect: information sharing and groupjudgement [J]. Journal of Personality and Social Psychology, 1993, 65 (5): 959-974.

[36] GREER L L, JEHN K A, MANNIX E A. Conflicts transformation: a longitudinal investigation of the relationships between different types of intragroup conflict and the moderating role of conflictresolution [J]. Small Group Research, 2008, 39 (3): 278-302.

[37] GREER L L, CARUSO H M, JEHN K A. The bigger they are, the harder they fall: linking team power, team conflict and performance [J]. Organizational Behavior and Human Decision Process, 2011, 116 (1): 116-128.

[38] HAMBRICK D C, CHO T S, CHEN M J. The influence of top management team heterogeneity on firm's competitive moves [J]. Administrative Science Quarterly, 1996, 41 (4): 659-684.

[39] HARRISON E F, PELLETIER M A. Foundations of strategic decision effectiveness [J]. Management Decision, 1998, 36 (3): 147-159.

[40] HINDS P J, MORTENSEN M. Understanding conflict in geographically distributed teams: the moderating effects of shared identity, shared context, and spontaneous communication [J]. Organization Science, 2005, 16 (3): 290-307.

[41] HINSZ V B. The emerging conceptualization of groups as information processors [J]. Psychological Bulletin, 1997 (121): 43-64.

[42] HOBMAN E V, BORDIA P, CHANG A. The expression of conflict in computer-mediated and face-to-facegroup [J]. Small Group Research, 2002, 33 (4): 439-465.

[43] HUANG J C. The relationship between conflict and team performance in-

Taiwan: the moderating effect of goal orientation [J]. The International Journal of Human Resource Management, 2012, 23 (10): 2126-2143.

[44] HUNTER J E, HUNTER R F. Validity and utility of alternative predictors of jobperformance [J]. Psychological Bulletin, 1984, 96: 72-89.

[45] JANIS I L, MANN L. Decision making: A Psychological analysis of conflict, choice, and commitment [M]. New York: Free Press, 1977.

[46] JANSSEN O, VAN DE VLIERT E, VEENSTRA C. How task and person conflict shape the role of positive interdependence in management groups [J]. Journal of Management, 1999, 25: 117-141.

[47] JEHN K A. Enhancing effectiveness: an investigation of advantages and disadvantages of value-based intragroupconflict [J]. International Journal of Conflict Management, 1994, 5: 223-238.

[48] JEHN K A. A multi-method examination of the benefits and detriments of intragroup conflict [J]. Administrative Science Quarterly, 1995, 40 (2): 256-282.

[49] JEHN K A. A qualitative analysis of conflict types and dimensions in organizationalgroups [J]. Administrative Science Quarterly, 1997, 42 (3): 530-557.

[50] JEHN K A, NORTHCRAFT G B, NEALE M A. Why differences make a difference: a field study of diversity, conflict, and performance inworkgroups [J]. Administrative Science Quarterly, 1999, 44 (4): 741-763.

[51] JEHN K A, CHATMAN J A. The influence of proportional and perceptual conflict composition on teamperformance [J]. International Journal of Conflict Management, 2000, 11 (1): 56-73.

[52] JEHN K A, MANNIX E A. The dynamic nature of conflict: longitudinal study of intragroup conflict and group performance [J]. Academic Management, 2001, 44 (2): 238-251.

[53] JEHN K A, BENDERSKY C. Intragroup conflict in organizations: a contingency perspective on the conflict-outcomerelationship [J]. Research in Organizational Behavior, 2003, 25: 187-242.

[54] JEHN K. Conflict contagion: a temporal perspective on the development of conflict within teams [J]. International Journal of Conflict Management, 2013, 24 (4): 352-373.

[55] KANG H R, YANG H D, ROWLEY C. Factors in team effectiveness:

Cognitive and demographic similarities of software development teammembers [J]. Human Relations, 2006, 59 (12): 1681-1710.

[56] KANKANHALLI A, TAN B C Y, WEI K K. Conflict and performance in global virtualteams [J]. Journal of Management Information Systems, 2006, 23 (3): 237-274.

[57] KERR N L, TINDALE R S. Group performance and decision making [J]. Annual Review of Psychology, 2004, 55 (1): 623-655.

[58] LAM S S K, SCHAUBROECK J. Improving group decisions by better pooling information: a comparative advantage of group decision support systems [J]. Journal of Applied Psychology, 2000, 85 (4): 565-573.

[59] LANG C G, XI Y M, GUO S Y. Impact of team conflict on team decision quality and satisfaction: an empirical research in China [J]. Frontiers of Business Research in China, 2008, 2 (1): 1-14.

[60] LANGFRED C W. Too much of a good thing? Negative effects of high trust and individual autonomy in self-managingteams [J]. Academy of Management Journal, 2004, 47 (3): 385-399.

[61] LANGFRED C W. The downside of self-management: a longitudinal study of the effects of conflict on trust, autonomy, and task interdependence in self-managing teams [J]. Academy of Management Journal, 2007, 50 (4): 885-900.

[62] LARSON J R, CHRISTENSEN C, FRANZ T M, et al. Diagnosing groups: The pooling, management, and impact of shared and unshared information in team-based medical decision making [J]. Journal of Personality and Social Psychology, 1998, 75: 93-108.

[63] LEIFER R, MILLS P K. An information processing approach for designing control strategies and reducing control loss in emerging organizations [J]. Management, 1996, 22: 112-137.

[64] LEPINE J A, HOLLENBECK J R, ILGEN D R, et al. Effects of individual differences on the performance of hierarchical decision-making teams [J]. Journal of Applied Psychology, 1997, 82 (5): 803-811.

[65] LEPINE J A, VAN DYNE L. Voice and cooperative behavior as contrasting forms of contextual performance: evidence of differential relationships with big five personality characteristics and cognitive ability [J]. Journal of Applied Psychology, 2001, 86 (2): 326-336.

[66] LEWIS K, LANGE D, GILLIS L. Transactive memory systems, learning, and learningtransfer [J]. Organization Science, 2005, 16 (6): 581-598.

[67] LEWIS K, BELLIVEAU M. Group cognition, membership change, and performance: investigating the benefits and detriments of collective knowledge [J]. Organizational Behavior and Human Decision Process, 2007, 103: 159-178.

[68] LI H Y, LI J. Top management team conflict and entrepreneurial strategy making in China [J]. Asia Pacific Journal of Management, 2009, 26 (2): 263-283.

[69] LIH F J, CYNTHIA L, CRYSTAL F. Task conflict and team creativity: a question of how much and when [J]. Journal of Applied Psychology, 2010, 95 (6): 1173-1180.

[70] LIRA E M, RIPOLL P. The role of group potency and information and communication technologies in the relationship between task conflict and team effectiveness: a longitudinal study [J]. Computers in Human Behavior, 2007, 23: 2888-2903.

[71] MAYER R C, DAVIS J H, SCHOORMAN F D. An integrative model of organization trust [J]. Academy of Management Review, 1995, 20 (3): 709-734.

[72] MAYER R C, GAVIN M B. Trust in management and performance who minds the shop while the employees watch the boss? [J]. Academy of Management Journal, 2005 (48): 874-888.

[73] MCEVILY B, PERRONE V, ZAHEER A. Trust as an organizing principle [J]. Organization Science, 2003, 14 (1): 91-103.

[74] MEDINA F J, MUNDUATE L, DORADO M A. Types of intragroup conflict and affective reactions [J]. Journal of Managerial Psychology, 2005, 20: 219-230.

[75] MOHAMMED S, DUMVILLE B C. Team mental models in a team knowledge framework: expanding theory and measurement across disciplinary boundaries [J]. Journal of Organization Behavior, 2001, 22: 89-106.

[76] MOHAMMED S, RINGSEIS E. Cognitive diversity and consensus in group decision making: the role of inputs, processes, and outcomes [J]. Organizational Behavior and Human Decision Processes, 2001, 85 (2): 310-335.

[77] MOONEY A C. Don't take it personally: Exploring cognitive conflict as a mediator of affective conflict [J]. Journal of Management Studies, 2007 (5): 733-

758.

[78] MORTENSEN M, HINDS P J. Conflict and shared identity in geographically distributed teams [J]. International Journal of Conflict Management, 2001, 12 (3): 212-238.

[79] OLSON B J, PARAYITAM S, BAO Y J. Strategic decision making: the effects of cognitive diversity, conflict, and trust on decision outcomes [J]. Journal of Management, 2007, 33: 196-222.

[80] PARAYITAM S, DOOLEY R S. The relationship between conflict and decision outcomes: moderating effects of cognitive- and affect-based trust in strategic decision-making teams [J]. International Journal of Conflict Management, 2007, 18 (1): 42-73.

[81] PARAYITAM S, DOOLEY R S. The interplay between cognitive- and affective conflict and cognition- and affect-based trust in influencing decision outcome [J]. Journal of Business Research, 2009, 62: 789-796.

[82] PAZOS P. Conflict management and effectiveniss in virtual teams [J]. Team Performance Management, 2012, 18 (7): 401-417.

[83] PEARSON A W, ENSLEY M D, AMASON A C. An assessment and refinement of Jehn's intragroup conflictscale [J]. International Journal of Conflict Management, 2002, 13 (2): 110-126.

[84] PELLED L, EISENHARDT K M, XIN K P. Exploring the black box: an analysis of work group diversity, conflict and performance [J]. Academy Science Quarterly, 1999, 44 (1): 1-28.

[85] PETERSON R J, BEHFAR K J. The dynamic relationship between performance feedback, trust and conflict in groups: a longitudinalstudy [J]. Organizational Behavior and Human Decision Processes, 2003, 92: 102-112.

[86] PHILLIPS K W, MANNIX E A. Diverse group and information sharing: the effects of congruentties [J]. Journal of Experimental Social Psychology, 2004, 40: 497-510.

[87] PORTER T W, LILLY B S. The effects of conflict, trust, and task commitment on project team performance [J]. International Journal of Conflict Management, 1996, 7: 361-376.

[88] PRIEM R L, PRICE K H. Process and outcome expectations for the dialectical inquiry, devil's advocacy, and consensus techniques of strategic decisionmak-

ing [J]. Group & Organization Studies, 1991, 16 (2): 206-225.

[89] PRIEM R L, HARRISON D A, MUIR N K. Structured conflict and consensus outcomes in group decision making [J]. Journal of Management, 1995, 21 (4): 691-710.

[90] RICO R, ALCOVER C M. The joint relationships of communication behaviors and task interdependence on trust building and change in virtual project teams [J]. Social Science Information, 2009, 48 (2): 229-255.

[91] RISPENS S, GREER L L, JEHN K A. It could be worse: a study on the alleviating roles of trust and connectedness in intragroup conflicts [J]. International Journal of Conflict Management, 2007, 18 (4): 325-344.

[92] ROCK S G, AYMAN R. Group decision making and perceived decision success: the role of communication medium [J]. Group Dynamics, 2005, 9 (1): 15-31.

[93] SANTOS C M, PASSOS A M. Team mental models, relationship conflict and effectiveness over time [J]. Team Performance Management, 2013, 19 (7): 363-385.

[94] SCHOLTEN L, VAN KNIPPENBERG D. Motivated information processing and group decision-making: effects of process accountability on information sharing and decision quality [J]. Journal of Experimental Social Psychology, 2007, 43: 539-552.

[95] SCHRAUB E M. The role of leader emotion management and team conflict for team members' personal intiative: a multilevelperspective [J]. European Journal of Work and Qrganizational Psychology, 2014, 23 (2): 263-276.

[96] SCHWEIGER D M, SANDBERG W R, RECHNER P L. Experiential effects of dialectical inquiry, edvil's advocacy, and consensus approaches to strategic decision making [J]. Academy of Management Journal, 1989, 32: 745-772.

[97] SCHWEIGER D M, SANDBERG W R. The utilization of individual capabilities in group approaches to strategic decision-making [J]. Journal of Strategic Management, 1989, 10: 31-43.

[98] SCHWENK C R. Effects of devil's advocacy and dialectical inquiry on decision making: a meta-analysis [J]. Organizational Behavior and Human Decision Processes, 1990, 47: 161-176.

[99] SENARATNE S, UDAWATTA N. Managing intragroup conflicts in con-

struction project teams: case studies in Sri Lanka [J]. Architectural Engineering and Design Management, 2013, 9 (3): 158-175.

[100] SIMONS T L, PELLED L H, SMITH K A. Making use of difference: diversity, debate, and decision comprehensiveness in top management teams [J]. Academy of Management Journal, 1999, 42 (6): 622-673.

[101] SIMONS T L, PETERSON R S. Task conflict and relationship conflict in top management teams: the pivotal role of intragrouptrust [J]. Journal of Applied Psychology, 2000, 85 (1): 102-111.

[102] STASSER G, TITUS W. Pooling of unshared information in group decision making: biased information sampling during discussion [J]. Journal of Personality and Social Psychology, 1985, 48: 1467-1478.

[103] STASSER G, TAYLOR L A, HANNA C. Information sampling in structured discussions of three- and six-persongroups [J]. Journal of Personality and Social Psychology, 1989, 57: 67-78.

[104] STASSER G, STEWART D. Discovery of hinder profiles by decision-making groups: solving a problem versus making a judgement [J]. Journal of Personality and Social Psychology, 1992, 63: 426-434.

[105] STASSER G. Information salience and the discovery of hidden profiles by decision-making group: a「thought experiment」[J]. Organizational Behavior and Human Decision Processes, 1992, 52: 156-181.

[106] STASSER G. Computer simulation as research tool: the discuss model of group decision making [J]. Journal of Applied Social Psychology, 1988, 23: 126-139.

[107] STEWART D D, BILLINGS R S, STASSER G. Accountability and the discussion of unshared, critical information in decision-making groups [J]. Group Dynamics: Theory, Research, and Practice, 1998, 2: 18-23.

[108] STEWART D D, STASSER G. The sampling of critical, unshared information in decision-making groups: the role of an informed minority [J]. European Journal of Social Psychology, 1998, 28: 95-113.

[109] THOMAS W P, BRVAN S L. The effects of conflict, trust and task commitment on project team performance [J]. International Journal of Conflict Management, 1996, 7 (4): 361.

[110] TIDD S T, MCINTYRE H H, FRIEDMAN R A. The importance of role

ambiguity and trust in conflict perception: unpacking the task conflict to relationship conflictlingage [J]. International Journal of Conflict Management, 2004, 15 (4): 364-380.

[111] TJOSVOLD D, WONG A. Teamwork and controversy in undergraduate management course in Hongkong: can the method reinforce the message? [J]. Swiss Journal of Psychology, 2002, 61 (3): 131-138.

[112] TJOSVOLD D, SUN H F. Openness among Chinese in conflict: effects of direct discussion and warmth on integrative decision making [J]. Journal of Applied Social Psychology, 2003, 33 (9): 1878-1897.

[113] TJOSVOLD D, HUI C. Conflict values and team relationships: conflict's contribution to team effectiveness and citizenship in China [J]. Journal of Organizational Behavior, 2003, 24 (1): 69-88.

[114] TJOSVOLD D, POON M, YU Z Y. Team effectiveness in China: cooperative conflict for relationship building [J]. Human Relations, 2005, 58 (3): 341-367.

[115] TJOSVOLD D. The conflict-positive organization: it depends uponus [J]. Journal of Organizational Behavior, 2008, 29: 19-28.

[116] TRIMMER K, DOMINO M, BLANTON J. The impact of personality diversity on conflicts in ISD teams [J]. Journal of Computer Information Systems, 2002, 42 (2): 7-14.

[117] VALACICH J S, SCHWENK C. Structuring conflict in individual, face-to-face, and computer-mediated group decision making: carping versus objective devil' sadvocacy [J]. Decision Science, 2007, 26 (3): 369-393.

[118] VAN DE VLIERT E, DE DREU C K W. Optimizing performance by stimulating conflict [J]. International Journal of Conflict Management, 1994, 5: 211-222.

[119] WATSON W. Team processes, team conflict, team outcomes, and gender: an examination of U. S. and Mexican learning teams [J]. International Journal of Intercultural Relations, 2008, 32 (6): 524-537.

[120] WINQUIST J R, LARSON J R. Information pooling: when it impacts group decision making [J]. Journal of Personality and Social Psychology, 1998, 74: 371-377.

[121] WOEHR D J, ARCINIEGA L M, POLING T L. Exploring the effects of

value diversity on team effectiveness [J]. Journal of Business and Psychology, 2013, 28 (1): 107-121.

[122] YANG J X, MOSSHOLDER K W. Decoupling task and relationship conflict: the role of intragroup emotional processing [J]. Journal of Organizational Behavior, 2004, 25 (5): 589-605.

[123] ZARNOTH P, SNIEZEK J A. The social influence of confidence in group decision making [J]. Journal of Experimental Social Psychology, 1997, 33 (4): 345-366.

[124] ZHOU M J, SHI S S. Blaming leaders for relationship conflict? The role of leader-member exchange differentiation and ethical leadership [J]. Nankai Business Review International, 2014, 5 (2): 134-146.

[125] 白春陽. 現代社會信任問題研究 [D]. 北京: 中國人民大學, 2006.

[126] 寶貢敏, 徐碧祥. 組織內部信任理論研究評述 [J]. 外國經濟與管理, 2008, 28 (12): 1-9.

[127] 陳燦, 葉敏. 信任與戰略決策績效: 對中國家族企業高層管理團隊的一個實證研究 [J]. 商業經濟與管理, 2006, 178 (8): 23-28.

[128] 陳璐, 楊百寅, 井潤田, 等. 高層管理團隊內部社會資本、團隊衝突和決策效果的關係 [J]. 南方管理評論, 2009, 12 (6): 42-50.

[129] 陳曉紅, 趙可. 團隊衝突、衝突管理與績效關係的實證研究 [J]. 南方管理評論, 2010, 13 (5): 31-35.

[130] 陳振嬌. 探索團隊衝突與團隊衝突之間仲介機制的實證研究——社會信息處理理論的視角 [D]. 合肥: 中國科學技術大學, 2009.

[131] 董臨萍. 知識工作團隊中變革性領導與團隊衝突管理方式研究 [J]. 管理學報, 2013, 10: 1470-1477.

[132] 杜運周, 陳忠衛. 高管衝突與團隊決策績效——基於控制模式的調節分析 [J]. 管理科學, 2009, 22 (4): 31-40.

[133] 胡琳麗. 動機性信息加工取向的談判心理模型機制 [D]. 杭州: 浙江大學, 2009.

[134] 朗淳剛, 席酉民, 畢鵬程. 群體決策過程中的衝突研究 [J]. 預測, 2005, 24 (5): 1-8.

[135] 朗淳剛, 席酉民, 郭士伊. 團隊衝突對團隊決策質量和滿意度影響的實證研究 [J]. 管理評論, 2007, 19 (7): 10-15.

[136] 朗淳剛, 席酉民. 信任對管理團隊決策過程和結果影響實證研究

[J]. 科學與科學技術管理, 2007, 28 (8): 170-174.

[137] 李雪. 團隊衝突對團隊績效影響的實證研究——以交互記憶系統為仲介變量的分析 [D]. 成都: 西南交通大學, 2013.

[138] 劉冰, 謝鳳濤, 孟慶春. 團隊氛圍對團隊績效影響機制的實證分析 [J]. 中國軟科學, 2011, 11: 133-140.

[139] 劉軍. 管理研究方法——原理與應用 [M]. 北京: 中國人民大學出版社, 2008.

[140] 劉力鋼, 浦佳. 高管團隊衝突理論研究與展望 [J]. 遼寧大學學報 (哲學社會科學版), 2013, 2: 104-111.

[141] 劉寧, 趙梅. 團隊內任務衝突與關係衝突的關係與協調 [J]. 科技管理研究. 2012, 5: 186-189.

[142] 陸文宣, 葛玉輝, 劉哲. 國內外高管團隊信任問題研究 [J]. 科技進步與對策, 2011, 28 (6): 146-149.

[143] 盧紅旭. 團隊衝突對團隊績效的影響研究——基於信任的視角 [D]. 杭州: 浙江工業大學, 2011.

[144] 馬碩, 楊東濤, 陳禮林. 團隊任務衝突與關係衝突轉化機制——團隊氛圍的調節作用 [J]. 中國流通經濟, 2011, 10: 102-106.

[145] 馬碩. 團隊衝突對團隊績效的作用機制——基於學習理論的實證研究 [D]. 南京: 南京大學, 2011.

[146] 彭連剛. 虛擬團隊中衝突、信任、績效之間的動態關係研究 [J]. 科技管理研究, 2011, 11: 125-128.

[147] 孫法海, 劉海山. 高管團隊價值觀、團隊氛圍對沖突的影響 [J]. 商業經濟與管理, 2007, 194 (12): 32-38.

[148] 汪潔. 團隊任務衝突對團隊任務績效的影響機理研究——從團隊交互記憶與任務反思仲介作用視角的分析 [D]. 杭州: 浙江大學, 2009.

[149] 汪麗, 茅寧. 共同願景、決策承諾與決策質量關係實證研究 [J]. 預測, 2006 (6): 6-11.

[150] 王端旭, 朱曉婧. 多元化團隊決策質量的情景因素分析 [J]. 科技管理研究, 2009 (7): 454-456.

[151] 韋慧民, 龍立榮. 主管認知信任和情感信任對員工行為及績效的影響 [J]. 心理學報, 2009, 41 (1): 86-94.

[152] 溫忠麟, 張雷, 侯杰泰, 等. 仲介效應檢驗程序及其應用 [J]. 心理學報, 2004, 36 (5): 614-620.

[153] 吳夢, 白新文. 動機性信息加工理論及其在工業與組織心理學中的應用 [J]. 心理科學進展, 2012, 20 (11): 1889-1898.

[154] 肖璐. 高管團隊信任對組織績效的影響: 團隊衝突的仲介作用 [J]. 經濟研究導刊, 2010, 80 (6): 95-98.

[155] 謝鳳濤. 團隊氛圍與團隊效能關係的研究——以團隊衝突為仲介變量 [D]. 濟南: 山東大學, 2012.

[156] 楊付, 張麗華. 團隊溝通、工作不安全氛圍對創新行為的影響: 創造力自我效能感的調節作用 [J]. 心理學報, 2012, 44 (10): 1383-1401.

[157] 張濤, 劉延平, 賴斌慧. 團隊衝突和團隊信任對團隊心智模式形成影響的實證研究 [J]. 北京交通大學學報（社會科學版）, 2008, 7 (4): 58-63.

[158] 張婷, 楊明. 高管團隊信任與團隊績效的關係研究框架——以交互記憶系統為仲介變量 [J]. 企業導報, 2012, 23: 165-166.

[159] 周文霞, 郭桂萍. 自我效能感: 概念、理論和應用 [J]. 中國人民大學學報, 2006, 1: 91-97.

[160] 朱華燕. 信息不分享條件下 MAU 決策輔助和自由討論決策質量的比較研究 [D]. 杭州: 浙江大學, 1999.

附　錄

研究一（實驗一）全套資料

一、實驗說明書

本次實驗是管理學課程的一次課內實驗，大約會占用您 70 分鐘的時間。為了取得真實的實驗效果，請您務必以認真的態度仔細閱讀實驗說明和實驗規則，嚴格遵循實驗流程和步驟，並以積極的態度參與到實驗討論中。我們將按照您在實驗中的表現為你打分，分數將作為管理學課程最終考評成績的一部分。如果您遵守實驗規則，積極參與實驗討論，您將得到滿分 10 分；但如果您在實驗中沒有按照實驗要求進行實驗，您的分數將被扣除。每違背一次實驗要求將被扣除 2 分。

請務必認真閱讀實驗說明，嚴格執行實驗要求。如果您在實驗過程中有問題不清楚，請舉手示意，我們將單獨為你解答。非常感謝您的配合。

實驗說明

1. 實驗任務

在一月中旬的某日上午 11 點 32 分，你和另兩名團隊成員乘坐的旅行小飛機在北明尼蘇達州（美國）和南馬尼托巴湖（加拿大）之間的森林裡緊急迫降。飛機降落時，機身毀壞嚴重，飛機正、副駕駛員死亡，但您和另兩名團隊成員只受了輕傷。當你們逃離飛機時，一共搶救出 15 樣物品。

請你們三人展開討論，並對 15 件物品按其在求生過程中的重要性進行排序，並註明原因。

2. 實驗步驟

（1）請根據你所得到的實驗時間和地點，準時參加實驗。

（2）實驗開始後，請打開放在您面前的信封。信封裡有兩頁紙，第一頁

是 15 樣物品的名稱，第二頁是有助您完成實驗任務的相關信息。有 30 分鐘的時間可供您仔細閱讀資料並進行思考。請注意：在這 20 分鐘的時間內，您和其他兩名團隊成員不能相互討論。20 分鐘結束後，我們將收回與實驗任務相關的信息。

為了讓 B 大組的被試更好地運用辯證探尋法，針對 B 大組被試的實驗說明書，額外加入一條如下內容：如果您的信封上有「A 成員」的字樣，請根據您獲得的相關信息擬定出最佳排序，並在小組討論中率先發言；如果您的信封上有「B 成員」的字樣，請根據您獲得的相關信息擬定出最佳排序，並在小組討論中第二個發言；如果您的信封上有「C 成員」的字樣，請您在小組討論中先仔細聆聽另外兩位成員的，再說出您的意見。

（3）當工作人員提示閱讀思考時間結束，進入討論時間後，請根據您獲得的相關信息，與其他兩名成員就實驗任務進行充分地溝通和交流。最終你們三人必須在物品排序上達成一致意見，並將最後結果交給工作人員。請注意：你們的討論時間大約為 40 分鐘，但如果沒討論完也可以適當延時，為了獲取相關實驗數據，整個討論過程將被錄像。

（4）最終結果交給工作人員以後，工作人員會再發給您一份有關團隊決策承諾的調查問卷。請按照您在討論過程中的感受如實填寫。填寫完畢後，請交給工作人員。

二、15 件物品的名稱及排序

15 件物品的名稱及排序見表 1 所示。

表 1　　　　　　　　　　15 件物品的名稱及排序

名稱	排序（按其重要性進行排序）
壓縮紗布	
打火機（無機油）	
報紙	
兩根滑雪杖	
地區航空地圖	
家庭裝巧克力棒	
946 毫升 85 度的威士忌	
酥油罐頭	

表1(續)

名稱	排序（按其重要性進行排序）
鋼絲球	
上了膛的45口徑的手槍	
指南針	
刀	
30米的繩子	
帶有電池的手電筒	
額外的衣褲	

三、成員的參考信息

A成員的參考信息：

（1）1月份是明尼蘇達州和馬尼托巴湖全年最冷的時候，白天的氣溫大約是-25℃，晚上的氣溫大約是-40℃。

（2）你們三人都穿著冬季的服裝，即套裝、套褲、休閒鞋和保暖外套，但這些只是適合城市的穿著。

（3）因為突然遭遇事故，特別是飛行員的死亡，使得你們三人的情緒都非常低落。

（4）飛行員為了躲避風雪，你們的飛機迫降時已經偏離了原來的航線。

（5）在飛機墜毀前，飛行員曾告訴過你，離你們迫降地點最近的居民小鎮在西北方向80千米處。

（6）在飛機緊急迫降前，飛行員沒有時間向救援隊求救，也沒有通知他們你們目前所處的位置。

（7）地區航空地圖上繪制了飛機迫降地點周邊城鎮的詳細位置。

（8）指南針可以正常使用。

（9）滑雪杖可以幫助你們測試湖泊或河流上冰雪的厚度，以便你們在森林裡行走。

（10）槍可以防身，可以打死在森林裡出沒的有危險的動物。

（11）衣服浸泡過威士忌後，可以綁在滑雪杖上，做成一只火把。

（12）保持身體的水分非常重要，如果脫水會引起人的體能下降，並有可能導致人死亡。

（13）巧克力棒能給人提供相當充分的能量。

（14）酥油可以充饑。

（15）衣服既可以保暖，又可以當生火的易燃物。

（16）威士忌含有酒精，酥油含有油脂，都可以作為助燃物品或燃料。

（17）壓縮紗布可以用來包紮傷口。

（18）壓縮紗布可以纏繞在身體的暴露部分上，以保持身體溫暖。

（19）寒冷時喝酒可以提供熱量。

（20）手電筒的電池在較冷的狀況下會消耗得非常快。

（21）威士忌的溫度和周圍溫度相同，而-30℃的酒會使一個人的食道和胃部都凍住，對嘴部也會造成很大的傷害。

B 成員的參考信息：

（1）1月份是明尼蘇達州和馬尼托巴湖全年最冷的時候，白天的氣溫大約是-25℃，晚上的氣溫大約是-40℃。

（2）你們三人都穿著冬季的服裝，即套裝、套褲、休閒鞋和保暖外套，但這些只是適合城市的穿著。

（3）因為遭受突然事故，特別是飛行員的死亡，使得你們三人的情緒都非常低落。

（4）你們所在的荒野是茂密的森林，到處都是積雪。森林裡面還有很多湖泊和小河，路況非常複雜。

（5）在起飛前，飛行員都要做一個飛行計劃。飛行計劃包括飛行的重要信息，例如航線、時速、預計達到時間、飛機型號、乘坐人數等。當飛機沒有在預定時間內抵達目的地時，搜索營救計劃將會很快展開。

（6）運動會使身上的熱量快速散發。

（7）保持身體的水分非常重要，如果脫水會使人的體能變差，並有可能導致人死亡。

（8）帶有低落、恐慌、不安的情緒不宜進行長途跋涉。

（9）可以用衣服、滑雪杖來搭建庇護所。

（10）「三堆火堆」是國際上共同認可的遇險求助信號。

（11）國際上規定，連發三槍是遇險求救信號。

（12）可以用繩子來拽下樹上的枯枝當柴火。

（13）閱讀報紙可以消磨無聊的時間，可以安撫人的情緒。

（14）巧克力棒能給人提供相當長時間的能量。

（15）衣服既可以保暖，又可以當生火的易燃物。

（16）威士忌含有酒精，酥油含有油脂，都可以作為助燃物品或燃料。

（17）壓縮紗布可以用來包紮傷口。

（18）酥油可以充饑。

（19）寒冷時喝酒可以獲取熱量。

（20）槍可以防身，可以打死在森林裡出沒的有危險的動物。

（21）地區航空地圖上繪制了飛機迫降地點周邊城鎮的詳細位置。

（22）指南針可以正常使用。

C 成員的參考信息：

（1）1月份是明尼蘇達州和馬尼托巴湖全年最冷的時候，白天的氣溫大約是-25℃，晚上的氣溫大約是-40℃。

（2）你們三人都穿著冬季的服裝，即套裝、套褲、休閒鞋和保暖外套，但這些只是適合城市的穿著。

（3）因為遭受突然事故，特別是飛行員的死亡，使得你們三人的情緒都非常低落。

（4）保持身體的水分非常重要，如果脫水會使人的體能變差，並有可能導致人死亡。

（5）地區航空地圖上繪制了飛機迫降地點周邊城鎮的詳細位置。

（6）指南針可以正常使用。

（7）槍可以防身，可以打死在森林裡出沒的有危險的動物。

（8）打火機即使在無機油的情況下，也可以打出火花。

（9）鋼絲球能引燃火花。

（10）巧克力棒能給人提供相當長時間的能量。

（11）酥油可以充饑。

（12）在陽光下，一面簡單的鏡子可以產生5萬~7萬倍於燭光的亮度。反射的光線超出了地平線就能被看到。而酥油罐頭的金屬蓋子就類似於一面鏡子。

（13）衣服既可以保暖，又可以當生火的易燃物。

（14）威士忌含有酒精，酥油含有油脂，都可以作為助燃物品或燃料。

（15）壓縮紗布可以用來包紮傷口。

（16）酥油可以抹在身體裸露的部分（例如臉、嘴唇和手），要保護這些部位不被凍傷。

（17）寒冷時喝酒可以提供熱量。

（18）報紙可以墊在衣服裡，特別是可墊在腿和胳膊周圍，以保持身體的

溫暖。

(19) 壓縮紗布只有一卷，數量太少。

(20) 把酒加熱後再喝，會加速身體水分的流失，引起脫水。

(21) 手電筒是夜間發信號的工具。特別是在火堆的火焰過小或快要熄滅的時候，而又聽到飛機聲音時，手電筒可以派上大用場。

(22) 在你們情緒不穩定、易怒、焦躁的時候，擁有手槍這種致命武器是非常危險的。而且用手槍打動物，如果沒打死，反而可能會引起動物對你們的攻擊。

四、決策承諾的調查問卷

請根據您在實驗中的真實感受和想法，獨立、客觀地填寫如下問卷（表2）。對於下面表格中所列的各項敘述，如果你「完全同意」，請選5；「基本同意」，請選4；「不確定」，請選3；「不太同意」，請選2；「完全不同意」，請選1。並在分數上打「√」。

表2　　　　　　　　　　決策承諾的調查問卷

決策承諾（Decision-making Commitment）	分數				
1. 您個人對最終成為決策的方案非常支持	1	2	3	4	5
2. 最終決策和您個人的偏好非常一致	1	2	3	4	5
3. 您非常相信最終決策會提高整個組織的績效	1	2	3	4	5
4. 您非常關注和在意最終決策能否取得成功	1	2	3	4	5

研究二（實證）全套資料

調查問卷

尊敬的女士/先生：

您好！我是西南交通大學經濟管理學院企業管理專業的一名博士研究生，研究方向是高管決策團隊衝突與決策績效的關係。本問卷旨在瞭解團隊氛圍以及決策過程中團隊成員的互動情況，懇請您在百忙之中幫助我填寫這份問卷。您內心想法的真實表達將是對我的研究的莫大幫助。問卷調查完全採用匿名的

方式進行，您的答案將會受到嚴格的保密，僅作學術研究之用。非常感謝您的支持與配合，謝謝！

請根據您的真實感受和想法，獨立、客觀地進行以下題項的填選。

第一部分：個人及團隊背景信息

您個人的基本情況（在番號上打「√」）：

1. 性別：①男　②女
2. 年齡：①30 歲及以下　②31~40 歲　③41~50 歲　④50 歲以上
3. 文化程度：①本科以下　②本科　③碩士　④博士

您所在團隊的基本情況（在番號上打「√」）：

1. 團隊的規模人數：①5 人及以下　②6 人及以上
2. 團隊存續時間：①6 個月及以下　②6 個月以上 1 年以下　③1 年及以上
3. 團隊所在企業性質：①國有（控股）企業　②民營（控股）企業　③外資（控股）企業
4. 團隊所屬行業：①製造業　②住宿和餐飲業　③金融業　④房地產業　⑤IT 業　⑥批發零售業　⑦其他行業

第二部分：研究變量測量量表

請根據您對您所在團隊實際情況的真實感受和想法，獨立、客觀地填寫如下問卷（表3）。對於下面表格中所列的各項敘述，如果您「完全同意」，請選5；「基本同意」，請選4；「不確定」，請選3；「不太同意」，請選2；「完全不同意」，請選1。並在分數上打「√」。

表 3　　　　　　　　　研究變量測量量表

任務衝突（Task Conflicts）	分數				
1. 成員之間經常就決策任務的實質產生分歧意見	1	2	3	4	5
2. 成員之間經常就實現決策目標的方法產生對立的觀點	1	2	3	4	5
3. 成員通常對決策任務的內容沒有異議	1	2	3	4	5
決策質量（Decision-making Quality）	分數				
1. 您認為從整體上看團隊決策的質量非常好	1	2	3	4	5
2. 您認為團隊決策的質量完全滿足了決策的原始意圖	1	2	3	4	5
3. 您認為團隊決策的質量對組織績效有很大的促進作用	1	2	3	4	5
決策承諾（Decision-making Commitment）	分數				
1. 您個人對最終成為決策的方案非常支持	1	2	3	4	5

表3(續)

2. 最終決策和您個人的偏好非常一致	1	2	3	4	5
3. 您非常相信最終決策會提高整個組織的績效	1	2	3	4	5
4. 您非常關注和在意最終決策能否取得成功	1	2	3	4	5
信任（Trust）			分數		
1. 團隊成員之間對彼此的工作能力都很信任	1	2	3	4	5
2. 團隊成員之間能自由分享自己的想法、感受和希望	1	2	3	4	5
3. 團隊成員都期望彼此能說真話	1	2	3	4	5
4. 團隊成員非常信任彼此	1	2	3	4	5
5. 團隊成員之間相互依靠去履行諾言	1	2	3	4	5
感知團隊氛圍（Perceived Team Climate）			分數		
1. 團隊成員對團隊目標都很認可	1	2	3	4	5
2. 團隊成員之間可以開放地表達自己的觀點，而不用擔心被報復	1	2	3	4	5
3. 通過有效的組織，團隊能提出高質量的決策	1	2	3	4	5
4. 團隊成員對團隊的貢獻能夠得到認可	1	2	3	4	5
團隊情商（Team Emotional Intelligence）			分數		
1. 團隊內部有明確的規章制度，凡事依規矩辦事	1	2	3	4	5
2. 團隊成員喜歡學習新知識、新技能，接受新事物	1	2	3	4	5
3. 團隊工作氣氛輕鬆	1	2	3	4	5
4. 團隊成員之間願意分享各自的信息和經驗	1	2	3	4	5
5. 團隊成員工作積極性高，以團隊績為榮	1	2	3	4	5
求知動機（Epistemic Motivation）			分數		
1. 在決策討論中，您提出的每一個方案都是經過深思熟慮的	1	2	3	4	5
2. 在決策過程中，您會努力探究對方提出某一方案的目的	1	2	3	4	5
3. 在決策過程中，您將努力做出全面、平衡的決策	1	2	3	4	5
自我效能感（Perceived Self-efficacy）			分數		
1. 您自信能有效地應付任何突如其來的問題	1	2	3	4	5
2. 即使別人反對您，您仍有辦法取得您所要的結果	1	2	3	4	5
3. 您堅信自己有能力處理各種問題，因而您在困難面前始終保持冷靜	1	2	3	4	5
4. 您通常能想到幾種方案去解決某一難題	1	2	3	4	5

調查問卷到此結束，再次感謝您的參與和大力支持！

研究三（實驗二）全套資料

實驗二的資料是在實驗一資料的基礎上進行的補充。具體的實驗說明書、實驗任務、物品名稱、參考信息、測量量表詳見實驗一的資料。額外補充的資料如下：

一、信任名單

各位同學：

你好！為了配合_____課程的一次課內實驗，我們需要對大家進行一個摸底測試。請根據你內心最真實的想法，在下列空格處寫出你在本學院的本年級的三個班中最信任的三名同學的名字。你內心想法的真實表達將是對本次實驗的莫大幫助。你的答案將會受到嚴格的保密，僅作實驗研究之用。非常感謝你的支持與配合，謝謝！

請按照你的真實想法，根據信任程度的高低，寫出你在本學院的本年級的三個班中最信任的三名同學的名字。

1. _____
2. _____
3. _____

二、被試說明（高求知動機組）

………

實驗結束後的一周內將有一個訪問環節，有專人訪問你關於你們團隊最終決策達成的詳細過程。

資料袋中有一份「訪談記錄表」，你可以將你們團隊討論過程中的各項細節以及你的所思所想都記錄下來，以備訪問時使用。

請在記錄表下方留下你的聯繫方式和方便訪談的時間，以便我們進行安排。謝謝。

………

三、實驗操控有效性檢驗問卷

請根據你在實驗中的真實感受和想法，獨立、客觀地填寫如下問卷。對於下面表格中所列的各項敘述，如果你「完全同意」，請選5；「基本同意」，請選4；「不確定」，請選3；「不太同意」，請選2；「完全不同意」，請選1。並

在分數上打「∨」。

信任（Trust）	分數				
1. 團隊成員之間對彼此的工作能力都很信任	1	2	3	4	5
2. 團隊成員之間能自由分享自己的想法、感受和希望	1	2	3	4	5
3. 團隊成員都期望彼此能說真話	1	2	3	4	5
4. 團隊成員都堅信對彼此是非常信任的	1	2	3	4	5
5. 團隊成員之間相互依靠去履行諾言	1	2	3	4	5
求知動機（Epistemic Motivation）	分數				
1. 在決策討論中，您提出的每一個方案都是經過深思熟慮的	1	2	3	4	5
2. 在決策過程中，您會努力探究對方提出某一方案的目的	1	2	3	4	5
3. 在決策過程中，您將努力做出全面、平衡的決策	1	2	3	4	5

國家圖書館出版品預行編目(CIP)資料

跨國企業高層團隊內部衝突的影響研究/ 戴珮華 著.-- 第一版.
-- 臺北市：崧博出版：崧燁文化發行, 2018.09
　　面　；　公分
ISBN 978-957-735-453-2(平裝)
1.跨國企業 2.衝突管理
553.78　　　　107015114

書　名：跨國企業高層團隊內部衝突的影響研究
作　者：戴珮華 著
發行人：黃振庭
出版者：崧博出版事業有限公司
發行者：崧燁文化事業有限公司
E-mail：sonbookservice@gmail.com
粉絲頁　　　　　網　址
地　址：台北市中正區重慶南路一段六十一號八樓815室
8F.-815, No.61, Sec. 1, Chongqing S. Rd., Zhongzheng Dist., Taipei City 100, Taiwan (R.O.C.)
電　話：(02)2370-3310　傳　真：(02) 2370-3210
總經銷：紅螞蟻圖書有限公司
地　址：台北市內湖區舊宗路二段 121 巷 19 號
電　話：02-2795-3656　　傳真：02-2795-4100　網址：
印　刷：京峯彩色印刷有限公司（京峰數位）

　　本書版權為西南財經大學出版社所有授權崧博出版事業有限公司獨家發行電子書繁體字版。若有其他相關權利及授權需求請與本公司聯繫。

定價：300元
發行日期：2018 年 9 月第一版
◎ 本書以POD印製發行